Ralf Bierod

Gestapo-Verbrechen im Landkreis Burgdorf und das Schwurgerichtsverfahren in Lüneburg von 1950

Eine historische Annäherung und Einordnung

Ralf Bierod

GESTAPO-VERBRECHEN IM LANDKREIS BURGDORF UND DAS SCHWURGERICHTSVERFAHREN IN LÜNEBURG 1950

Eine historische Annäherung und Einordnung

ibidem-Verlag
Stuttgart

Bibliografische Information der Deutschen Nationalbibliothek
Die Deutsche Nationalbibliothek verzeichnet diese Publikation in der Deutschen Nationalbibliografie; detaillierte bibliografische Daten sind im Internet über http://dnb.d-nb.de abrufbar.

Bibliographic information published by the Deutsche Nationalbibliothek
Die Deutsche Nationalbibliothek lists this publication in the Deutsche Nationalbibliografie; detailed bibliographic data are available in the Internet at http://dnb.d-nb.de.

Coverabbildungen (von links nach rechts):
Gerichtsgefängnis Celle. © Stadtarchiv Celle. Abdruck mit freundlicher Genehmigung.
Elisabeth Hartmann. © Elisabeth LeBoydre. Abdruck mit freundlicher Genehmigung.
Früheres Amtsgebäude des Arbeitsamts Celle. © Ralf Bierod

∞

Gedruckt auf alterungsbeständigem, säurefreien Papier
Printed on acid-free paper

ISBN-13: 978-3-8382-0793-3

© *ibidem*-Verlag
Stuttgart 2015

Printed in Germany

Inhaltsverzeichnis

1. Einleitung – Das Schwurgerichtsverfahren in Lüneburg 1950 gegen Hermann K. und Herbert B.

Die Hamburger Morgenpost sprach im Februar 1950 von einem "skandalösen Urteil zum Schutze von Verbrechern". Auch andere Zeitungen hatten sich ein höheres Strafmaß gegen die "Gestapo-Sadisten" erhofft. Mehrere Blätter berichteten von Unruhe und weitreichender Empörung in der Bevölkerung. Polnische Arbeiter waren exekutiert worden, Menschen geschlagen, bis Blut spritzte, Zeugen unter Wasser getaucht, Bürger ins KZ überstellt. Die zwei Beamten des Celler Büros der Gestapo Lüneburg hatten 1944 Angst und Schrecken in den Landkreisen Burgdorf und Celle verbreitet und bei unzähligen Verhören die Verhafteten brutal geschlagen und misshandelt. Wegen Verbrechen gegen die Menschlichkeit wurden sie im Februar 1950 vom Lüneburger Schwurgericht zu Freiheitsstrafen verurteilt.[1] Zu den Vorfällen hatte auch der sogenannte "Ukrainer-Aufstand" gezählt, die Razzia gegen 300 ausländische Arbeitskräfte, aus denen in der Burgdorfer Turnhalle bei wochenlangen Verhören Geständnisse erpresst werden sollten. 40 Personen waren in das Konzentrationslager Neuengamme überführt, 31 von ihnen dort hingerichtet worden.

1950 kamen in Lüneburg allein körperliche Tätlichkeiten zur Anklage, wie das Schlagen mit Gummiknüppel und Peitsche. Das Schicksal vieler Menschen, deren Weg über den Schreibtisch des Celler Gestapo-Büros[2] direkt ins Konzentrationslager geführt hatte, war auch von der Staatsanwaltschaft unberücksichtigt geblieben. Oberstaatsanwalt K., der 1948 die Anklage erhob, hatte bis 1943 am

---

[1]   Hauptstaatsarchiv Hannover. Nds. 700 Acc. 2001/087. Nr. 88.

[2]   Die "Außendienststelle Lüneburg" gehörte zur Staatspolizeileitstelle Hamburg. Das Büro in Celle hieß "Außenposten".

7

selben Gericht und in selber Funktion Ermittlungen gegen deutsche Frauen geführt, die wegen verbotenen Umgangs mit Kriegsgefangenen verurteilt worden waren. Auch der vormalige Landgerichtsdirektor T. war von August 1948 wieder als Richter im selben Hause tätig.[3] Die umfangreichen Vorermittlungen und Aussagen sehr vieler Zeugen tragen dennoch zur Aufklärung oder besser gesagt Annäherung an einige Verbrechen im Landkreis Burgdorf bei, die auch nach 70 Jahren noch als lokale Ereignisse der Schreckensherrschaft an nachwachsende Generationen weitererzählt werden. Die Akten aus Lüneburg sind heute im Hauptstaatsarchiv Hannover für jedermann öffentlich einsehbar. Zu den Vorfällen, die nicht angeklagt wurden, zählen die Exekutionen von insgesamt vier polnischen Männern in Uetze und Röhrse. Wohl aber ging das Gericht der Verhaftung des Kaufmannes Ernst Schulte in Weferlingsen nach, der einem Bürger jüdischer Abstammung Unterschlupf gewährt hatte und dessen Spur sich später im Konzentrationslager Sachsenhausen verlor. Deutsche Bürger aus dem Landkreis Burgdorf sagten in Lüneburg als Zeugen aus, die nach Denunziation von Mitbürgern wegen nichtiger Anlässe in die Fänge der zwei angeklagten Beamten geraten waren.

Sie gaben Hinweise auf das zynische Menschenbild der Angeklagten und die Verstrickung der NSDAP-Kreisleitung im Landkreis Burgdorf in die Untaten der Geheimen Staatspolizei Lüneburg. Im NS-Staat hatte die Gestapo eine rechtsfreie Parallelwelt zur Arbeit der Justiz gebildet, ein gefährlicher Umstand, den der Generalstaatsanwalt in Celle während der Jahre des Krieges mit offener Kritik begleitet hatte.

Aber auch über ordentliche Strafverfahren verschwanden unabhängig vom Vorgehen der Gestapo unzählige Personen wegen Bagatellen im Celler Zuchthaus, wo ein großer Teil der Inhaftierten

---

[3] Nils Köhler. Zwangsarbeit in der Lüneburger Heide. Organisation und Alltag des "Ausländereinsatzes" 1939-1945. 2. Auflage. Bielefeld 2003. Seite 386.

während des letzten Kriegsjahres wegen verheerender Zustände verstarben.

Gleichwohl veranschaulicht das Verfahren vor dem Lüneburger Schwurgericht gegen die zwei früheren Beamten Hermann K. und Herbert B., wie Gestapo-Terror funktionierte, wie Menschen im Landkreis Burgdorf diesem Teil der nationalsozialistischen Wirklichkeit ausgeliefert waren, ihn aber auch durch Denunziation willentlich oder ungewollt unterstützt hatten.

Der als "Ukrainer-Aufstand" bekannt gewordene Vorfall, der während des Sommers 1944 in dem brutalen Verhör von 300 Männern und Frauen aus Osteuropa in der Burgdorfer Turnhalle gipfelte, war nur einer von 26 verhandelten Fällen, die von der Staatsanwaltschaft ihrerseits als Spitze des Eisbergs bewertet wurden. Öffentliche Lynchjustiz der Gestapo, wie die Schau-Hinrichtung von drei Polen in Uetze unter Teilnahme der NSDAP-Kreisleitung aus Burgdorf war gar nicht erst zur Anklage gebracht worden. Dies entsprach der damaligen Auffassung sowohl der Briten als auch später der deutschen Staatsanwaltschaften und Gerichte, wonach für Verbrechen, die auf Todesurteilen des Reichssicherheitshauptamtes beruht hatten, allein die politische Führung verantwortlich gewesen sei. Hier verwies man auf die Nürnberger Prozesse. Der von der Gestapo abseits der Justiz geschaffene rechtsfreie Raum für Lynchmorde an osteuropäischen Arbeitskräften, Juden und Deutschen blieb in der juristischen Aufarbeitung stets unangetastet, wenn es darum hätte gehen können, alle Beteiligten der Handlungskette zur Verantwortung zu ziehen. So konzentrierte man sich in der Hauptverhandlung 1950 darauf, den zwei Angeklagten Misshandlungen nachzuweisen, um sie überhaupt einer Strafe zuführen zu können. Beide gaben sich in ihren Aussagen als ahnungslose Unschuldslämmer, die Anweisungen befolgt hatten, die angeblich nicht gewusst hatten, weshalb die Polen damals hingerichtet wurden, die angeblich geglaubt hatten, im Konzentrationslager würden die von ihnen überstellten Häftlinge lediglich hart arbeiten.

Das Celler Gerichtsgefängnis – am Schlossplatz gelegen – existiert heute nicht mehr. Hier fanden einige der brutalen Verhöre statt, wegen derer Hermann K. und Herbert B. 1950 verurteilt wurden. Das Gebäude wurde in den 8oer Jahren abgerissen. © Stadtarchiv Celle

Hermann K. war Leiter der Gestapo-Außenstelle Celle gewesen. Ihm wurden 14 Fälle, Kriminalassistent Herbert B. sieben Fälle von Misshandlungen nachgewiesen. 50 Zeugen hatten 1950 vor dem Lüneburger Schwurgericht ausgesagt. Während die zwei Angeklagten im Internierungslager Fischbeck bei Hamburg inhaftiert gewesen waren, hatte das britische Ermittlerteam zur Aufklärung von Verbrechen gegen die Menschlichkeit das Verfahren seit 1947 mit zahlreichen Zeugenaussagen vorbereitet. Insgesamt waren 26 Taten von Misshandlungen mit Gummiknüppel und Faustschlägen gegen zivile Ausländer und deutsche Staatsbürger verhandelt worden, die die Beschuldigten zwischen dem 1. April 1944 und Kriegsende begangen hatten. Mehrere Zeugen berichteten von Blutspritzern an den Wänden nach einem Verhör durch die beiden Angeklagten im Celler Gerichtsgefängnis. Der Raum musste hinterher geweißt werden. Darüber hinaus wurde längst nicht jeder Vorfall aus den Vorermittlungen zur Anklage gebracht. Und so blieb auch der Vorgesetzte der beiden Angeklagten, der Leiter der Gestapo Lüneburg, August W., unbehelligt. Man hatte ihm zwei Exekutionen von Polen anlasten wollen, doch fand sich gegen ihn nichts Belastendes. Wohl zu geschickt hatte er sich stets im Hintergrund gehalten und seine Mitarbeiter vorgeschickt.

Das Schwurgerichtsverfahren von 1950 war das größte und wichtigste Verfahren zu Ereignissen in der NS-Zeit im Landkreis Burgdorf. Es machte letztendlich deutlich, dass am Anfang eines jeden Vorfalles der Verrat, die Denunziation, das unüberlegte Wort aus Neid, Wut oder Rachsucht gestanden hatte, das Menschen aus dem unmittelbaren Umfeld der Opfer zur Anzeige, zur Beschwerde oder nur zum laut artikulierten Vorwurf hervorgebracht hatten. Aus nichtigen Anlässen ergab sich oft in Windeseile eine Handlungskette, in der mehrere Personen einige Telefonate führten und schon war das Schicksal eines Menschen besiegelt. Jenseits aller Gerichtsbarkeit verschwanden Menschen über das Celler Gerichtsgefängnis in Lagern oder kamen bei Schauhinrichtungen an den Galgen.

In der Rekonstruktion des "Ukrainer-Aufstandes" folgte die Staatsanwaltschaft der Perspektive der Gestapo, wonach Ukrainer, die zum Teil bei der Erdölgesellschaft Elwerath in Nienhagen gearbeitet hatten, zum Teil in Immensen, Aligse, Lehrte und Dachtmissen aber auch im Dienst der Feuerschutzpolizei in Burgdorf gestanden hatten, Eisenbahnwaggons aufgebrochen hatten, um Waffen zu stehlen. Ihr angebliches Ziel soll die Zerstörung einer deutschen Flakbatterie gewesen sein. Die 300 Ukrainer und Polen wurden bei der Gestapo-Razzia in den Wohnlagern ihrer Arbeitgeber verhaftet. 66 von ihnen arbeiteten bei den Erdölwerken Elwerath in Nienhagen. In Immensen war in der Wohnbaracke der Ukrainer am Bahnhof angeblich eine Pistole gefunden worden. Eine Russin, die Botendienste für die vermeintlichen Verschwörer ausgeführt hatte, wurde bei dem Verhör unter Wasser getaucht. Andere Häftlinge wurden mit Stock und Peitsche zu Aussagen geprügelt. 250 Personen wurden entlassen, laut Akte 40 dem KZ Neuengamme überstellt.[4] Ihre Namen blieben in dem Verfahren unbenannt. Das Schicksal der 31 Männer unter ihnen, die in Neuengamme am 9. August 1944[5] durch den Strang hingerichtet worden waren, interessierte das Gericht 1950 nicht. Die Exekutionen wurden den Angeklagten auch nicht zur Last gelegt, da die Urteile vom Reichssicherheitshauptamt ergangen waren.

Der 1899 in Malankowo im Kreis Kulm geborene Hermann K. war seit 1933 im Gestapo-Dienst. Nach eigenen Angaben war er von Hamburg nach Celle strafversetzt worden, weil er mit Juden zu human umgegangen sei. Kriminalassistent Herbert B. war 1911 in Görlitz geboren. Hermann K. erhielt vier Jahre Zuchthaus, wobei drei Jahre Internierungshaft angerechnet wurden. Herbert B. wurde zu zwei Jahren verurteilt, wobei die Strafe durch die angerechnete Haft im Gefängnis Fischbeck bei Hamburg als verbüßt galt. Das Gericht räumte selbst ein, dass die Urteile in weiten Kreisen der Bevölkerung Aufsehen und Unwillen erregt hätten. Herbert B. zeigte bei der Urteilsverkündung Reue mit Tränen in den Augen. Hermann K. dagegen sah sich als "Opfer der Demokratie". Die Anschuldigungen seien Verleumdungen und üble Nachrede. Nebenher hatte die Verhandlung ergeben, dass sich Hermann K. umfangreichen Hausrat und Besitz einiger der von ihm verhafteten

---

[4] Die Angaben in den Protokollen variieren und es nicht eindeutig, ob die sechs ebenfalls verhafteten Frauen darin miterfasst sind.

[5] Zum 70. Jahrestag legte eine Delegation aus der Stadt Burgdorf am Ort der Hinrichtung in der KZ Gedenkstätte Neuengamme einen Kranz nieder und veröffentlichte erstmals auf Grundlage von Recherche des Historikers Ralf Gräfenstein die Namen der 31 Opfer. Vgl.: Sybille Heine: Burgdorfer legen Kranz im KZ nieder. Anzeiger für Burgdorf und Lehrte (HAZ/NP). Ausgabe 186, 33. Woche, Dienstag, 12 August 2014, Seite 3.

Personen angeeignet hatte. Bei seiner Festnahme nach dem Krieg waren zwei dieser Konvolute nahezu vollständig bei ihm vorgefunden worden.

Der Landkreis Burgdorf lag im Bezirk des Celler Arbeitsamtes sowie im Bezirk der Gestapo Lüneburg und ihres Celler Außenpostens. Die Hauptverhandlung erfolgte am 2., 3., 4. und 8. Februar 1950 vor dem Schwurgericht Lüneburg. Der Antrag für Hermann K. lautete auf fünf Jahre Zuchthaus und fünf Jahre Ehrentzug, der für Herbert B. auf drei Jahre und neun Monate Zuchthaus sowie vier Jahre Ehrentzug. Von dem Verfahren hatten sich zahlreiche Menschen Gerechtigkeit versprochen und das Urteil schlug insbesondere in der Hamburger Presse hohe Wellen. Von den britischen Ermittlern war eine akribische Voruntersuchung mit der Befragung sehr vieler Zeugen schon Jahre vorher erfolgt. So hatte sich die Vereinigung der Verfolgten des Nazi-Regimes, das Komitee ehemaliger politischer Gefangener am 29. Juli 1947 gegenüber der Oberstaatsanwaltschaft Hamburg erklärt zur Strafanzeige gegen den früheren Stapo-Beamten Hermann K. Überlebende und Zeugen warfen ihm Tötung und Misshandlung an Juden, Zwangsarbeitern und Deutschen sowie Zwangsverschickung von Juden in Vernichtungslager vor. Um den Charakter des Beschuldigten K. zu verdeutlichen, diente den Opfer-Vertretern dieses Zitat: "Am 2. November 1942 wurde in Höfer, Kreis Celle, ein junger Pole öffentlich erhängt. An der Exekution nahmen K. und ein Mitarbeiter aktiv teil. K. äußerte sich: ,Von dieser Sorte jeden Tag ein Dutzend, das wird uns gar nicht zu viel'."[6]

Der politische Ausschuss für Wiedergutmachung und Betreuung ehemaliger politischer Inhaftierter und Verfolgter schrieb an den Hauptausschuss ehemaliger politischer Häftlinge in Hamburg am 8. Juli 1947: "In Celle und Umgebung befanden sich viele Ausländer-Lager, insbesondere Polen- und Ukrainer-Lager. Alle paar Tage erschienen K. und B. in diesen Lagern und haben planlos mit Le-

---

6   Hauptstaatsarchiv Hannover. Hann. 721 Lüneburg Acc. 153a/82 Nr. 284/1.

derpeitschen und Gummiknüppeln die Insassen durchgeprügelt und schwer misshandelt."

Letztendlich kam es zur Anklage von Hermann K. und Herbert B. Gegen den Leiter der Außendienststelle Lüneburg, August W., der auch für alle Aktionen in Burgdorf der Verantwortliche gewesen war, wurde keine Anklage erhoben.

2. Zwangsarbeit im Landkreis Burgdorf

Im 1885 gegründeten Landkreis Burgdorf, der heute den wesentlichen Teil der nördlichen und der gesamten östlichen Region Hannover ausmacht, arbeiteten während des Zweiten Weltkriegs dienstverpflichtete ausländische Arbeitskräfte in erheblicher Zahl. In der Land- und Forstwirtschaft, in Handwerk und Gewerbebetrieben arbeiteten Frauen und Männer aus West- und Osteuropa ebenso wie Kriegsgefangene aus Frankreich, Belgien, Polen und der Sowjetunion.

Das Ausmaß der Zwangsarbeit in den 68 Gemeinden des ehemaligen Landkreises Burgdorf ist auf Grundlage der Quellen gut zu erfassen. Wie keine andere Quelle geben die im Celler Stadtarchiv verwahrten Monatsberichte des Celler Arbeitsamtes[7] einen Überblick über den tatsächlichen Anteil der Ausländer. Im September 1943 waren im Bezirk des Arbeitsamtes Celle 64.547 Menschen beschäftigt, darunter 24.927 deutsche Frauen und 21.580 Ausländer. Es war der Höchststand an Beschäftigung während des Zweiten Weltkrieges. Zum Bezirk des Amtes gehörte seit dem 1. April 1943 auch der Landkreis Burgdorf. Hier gab es 20.837 Beschäftigte, wobei 8.238 deutsche Frauen waren. Im Landkreis Burgdorf arbeiteten also etwa ein Drittel aller Beschäftigten des Celler Bezirks, wobei der Anteil der dienstverpflichteten deutschen Frauen überproportional hoch ausfiel. Die genaue Zahl der Ausländer liegt für den Landkreis Burgdorf in der Statistik des Celler Arbeitsamtes allerdings nicht vor. Ihre Quote erreichte im Jahr 1943 jedoch rund 33 Prozent. Jede dritte Arbeitskraft stammte aus einem der von deutschen Truppen besetzten Länder Europas. Die Gesamtzahl dürfte im Landkreis Burgdorf mindestens rund 6.500 Personen umfasst haben. Dabei ist zu berücksichtigen, dass zum Landkreis

---

[7] Stadtarchiv Celle. 5 O Nr 25.

Burgdorf auch Lehrte, Sehnde, Ilten, Burgwedel, Isernhagen und die Wedemark gehörten.

Im September 1943 arbeiteten 46,5 Prozent aller Beschäftigten im hiesigen Raum in Industrie und Handwerk. 25,6 Prozent waren in der Land- und Forstwirtschaft eingesetzt. Kriegsgefangene und so genannte Ostarbeiter machten im Bezirk des Celler Arbeitsamtes im Schnitt jeweils ein Viertel der Ausländer aus. 50 Prozent der Ausländer waren anderer Herkunft. Dazu zählten Zivilarbeiter aus West- und Südeuropa sowie italienische Militärinternierte und freiwillig angeworbene italienische Landarbeiter. Der so genannte Ausländereinsatz wurde allein von den Arbeitsämtern gesteuert. Dies betraf auch die Gruppe der unter Aufsicht der Wehrmacht bleibenden Kriegsgefangenen. Im Landkreis Burgdorf entsprach die Beschäftigung von Ausländern wohl jedoch nicht den Verhältnissen des gesamten Celler Bezirks. Kriegsgefangene machten hier mindestens ein Drittel aller eingesetzten Ausländer aus. Im ersten Quartal 1943 waren über das Stammlager XIB in Fallingbostel im Landkreis Burgdorf 67 Arbeitskommandos von Kriegsgefangenen gebildet, insgesamt 2.200 Soldaten aller Nationen mit Ausnahme von Briten. Bewacht wurden sie in ihren jeweiligen Lagern von Angehörigen der Landesschützenkompanie Burgdorf, die Vermittlung steuerte das Celler Arbeitsamt.

Im Landkreis Burgdorf lagen verglichen mit dem Gesamtbezirk des Arbeitsamtes deutlich weniger Rüstungsbetriebe. Die Mineralölbetriebe von Dollbergen und Hänigsen waren die kriegswichtigsten. Danach kamen die Heeresmunitionsanstalten in den Bergwerken von Lehrte und Hänigsen. Die Muna im Bergwerk Hohenfels in Wehmingen bei Sehnde zählte damals nicht zum Gebiet des Landkreises Burgdorf und somit nicht zum Celler Bezirk des Arbeitsamtes.

Die Beschäftigung von Ausländern wandelte sich mit Fortschreiten des Krieges. Je mehr Gebiete von deutschen Truppen besetzt wurden, umso mehr Nationalitäten kamen hinzu. Doch zu keiner Zeit konnte das Celler Arbeitsamt den Arbeitskräftebedarf decken. Allein die hiesigen Kalibergwerke, die wie Bergmannssegen in Lehrte und Niedersachsen in Wathlingen während des Krieges ununterbrochen förderten, meldeten im April 1943 255 unbesetzte Stellen. Insgesamt fehlten dem Arbeitsamt 6.481 Kräfte. Obwohl immer mehr deutsche Männer eingezogen oder längst gefallen waren, nahm die Beschäftigung stetig zu. Nahezu 40 Prozent der Gesamtbevölkerung im Bezirk des Celler Arbeitsamtes von 150.000 Menschen war 1943 unter Arbeit. Verpflichtet waren alle, die sich noch auf zwei Beinen halten konnten. Das betraf auch Menschen im Rentenalter. Rund elf Prozent der arbeitenden deutschen Frauen waren in unserem Gebiet 65 Jahre und älter. 37 Prozent der arbeitenden deutschen Männer waren zwischen 50 und 75 Jahren alt.

Kaum Kenntnisse existieren über das Lehrter Durchgangslager. Es unterstand dem Landesarbeitsamt der Provinz Hannover sowie von Ende 1943 an dem Gauarbeitsamt Ost-Hannover und war für ankommende zwangsverpflichtete zivile Arbeitskräfte aus Osteuropa der erste Sammelpunkt, dessen Lage sich erklärt durch den Knotenpunkt der Eisenbahn. Von hier wurden die Frauen und Männer über die Arbeitsämter der Provinz Hannover zu lokalen Lagern und Arbeitgebern vermittelt. In Lehrte erfolgte die Erstregistrierung. Wie viele Menschen während der sechs Kriegsjahre insgesamt durch unser Gebiet geschleust wurden, ist nur schwer abzuschätzen. Allein 228 Osteuropäer sind auf den Friedhöfen des Lehrter Stadtgebietes begraben. Pro Monat kamen im Celler Bezirk zwischen 200 und 700 Ausländer neu hinzu, viele über das Lehrter Durchgangslager. Andere wurden abgezogen. Neben dem Durchgangslager, das dem Landesarbeitsamt unterstand und eine Kapazität von 2.000 Personen gehabt haben soll, gab es weitere große "Zivilarbeiterlager" in Lehrte. Die Heeresmunitionsanstalt im Bergwerk Erichssegen, die Zuckerfabrik und die Reichsbahn unterhielten große Lager, sowie auch die fördernden Bergwerksbetriebe von Lehrte und Sehnde. Das Reichsbahnlager soll für 1.000

Personen bestimmt gewesen sein. Das Lager Erichssegen soll 150, das von Bergmannssegen 300 Plätze umfasst haben. Diese Zahlen gibt der "Heimatgeschichtliche Wegweiser zu Stätten des Widerstandes und der Verfolgung" an. Diese 1986 vom Bund der Antifaschisten herausgegebene Dokumentation ist die einzige, die bisher einen regionalen Gesamtüberblick zu geben versucht hat. Sie gilt unter Fachleuten inzwischen als fehlerhaft, unterscheidet nicht zwischen zivilen Zwangsarbeitern und Kriegsgefangenen. Wohl bewusst setzte diese Arbeit die maximale Lagerkapazität mit der Zahl der dort arbeitenden Zwangsarbeiter gleich, was zu Verzerrungen führen kann, zumal auch viele deutsche Dienstverpflichtete aus anderen Provinzen in Barackenlagern lebten. In Burgdorf hatte die Konservenfabrik ein Lager für 275 "Zivilarbeiter", die Möbelfabrik Tappe für 200 Leute. In Sehnde zählten die Zuckerfabrik, das Bergwerk Friedrichshall der Kali-Chemie AG und die Munitionsanstalt Bergwerk Hohenfels zu den Betrieben, die viele Ausländer beschäftigten. Die im Heimatgeschichtlichen Wegweiser für Friedrichshall genannte Zahl von 300 und für Hohenfels von 500 Zwangsarbeitern darf man jedoch stark anzweifeln. Denn man muss berücksichtigen, dass in Teilen der Lager Kriegsgefangene und auch viele deutsche dienstverpflichtete Frauen aus anderen Reichsgebieten einquartiert waren. Gerade die Arbeit in den Munitionsanstalten vergaben die Arbeitsämter vorrangig an deutsche Frauen - schon der Gefahr der Sabotage wegen. Immer nur dann, wenn keine deutschen Frauen mehr zu vermitteln waren, wies das Arbeitsamt den Munitionsbetrieben ausländische Arbeiter zu. Diese Praxis geht auch aus den Protokollen des Celler Arbeitsamtes hervor. Je nach Dringlichkeit und Kriegswichtigkeit setzte das Arbeitsamt die Ausländer häufig um. Mit Fortschreiten des Kriegs und dem immer größer werden Facharbeitermangel zog das Celler Arbeitsamt auch immer mehr Osteuropäer aus der Landwirtschaft ab, um sie je nach Vorkenntnissen in der Industrie einzusetzen oder sie mit anderen Amtsbezirken auszutauschen. Nur zu wenigen Orten geben die Quellen ein annähernd vollständiges Bild. Allein in Hänigsen haben zwischen 1939 und 1945 523 zivile und kriegsgefangene Ausländer gearbeitet.[8] Dies waren 80 Belgier, 76 Franzosen, 62 Niederländer, 42 Jugoslawen, 82 Polen, 115 Russen, 28 Tschechen, 29 Ukrainer, sechs Ungarn und drei Rumänen. Allein 174 davon waren mit letztem Aufenthaltsort im Lager der kriegswichtigen Deutschen Vacuum AG als Beschäftigte im Erdölfeld registriert. Dazu zählten auch Ingenieure, die die Tiefbohrungen vorantrieben. 95 Handwerker und Landwirte hatten allein in Hänigsen Ausländer beschäftigt. In der Regel richteten die Ortsbauernführer die Anforderungen für ihre jeweiligen Dörfer an das Arbeitsamt. Viele Betriebe liehen sich "ihre Ausländer" bisweilen gegenseitig aus. Diese Praxis war zwar verboten, wurde aber dennoch in großem Stil betrieben.

Der Begriff Zwangsarbeit wurde von der deutschen Zeitgeschichtsforschung geprägt. Die Arbeitsämter kannten diesen Begriff nicht. Sie sprachen vom Ausländereinsatz und unterschieden lediglich zwischen Kriegsgefangenen, Ostarbeitern und Zivilarbeitern aus anderen Staaten. Die Forschung hatte mit dem Begriff Zwangsarbeit zunächst die Sklavenarbeit in Betrieben der Konzentrationslager und außerhalb dieser in Industrie- und Rüstungsbetrieben umschrieben. Je mehr Erkenntnisse jedoch über grausame Misshandlungen und Arbeitsbedingungen aus Industriebetrieben, von Massensterben und Totschlag in Lagern der Fabriken bekannt wurden, umso mehr wurde der Begriff Zwangsarbeit auf den sogenannten "Ausländereinsatz" allgemein und insgesamt angewandt, ebenso auf die Arbeit von Kriegsgefangenen. Dabei konzentriert sich der Blick auf die Schicksale der zivilen Osteuropäer, die auf Basis der sogenannten "Ostarbeiter-Erlasse" rechtlos waren. Den größten Anteil der im Kreis Burgdorf arbeitenden Ausländer bildeten jedoch Zivilarbeiter und Kriegsgefangene aus West- und Südeuropa. Darunter waren viele Niederländer und Belgier, die zur

---

[8]   Archiv der Gemeinde Uetze. Gemeinde Hänigsen Fach Nr. 14.

Arbeit in Deutschland dienstverpflichtet waren. Für westalliierte Kriegsgefangene galten die Bedingungen der Genfer Kriegskonvention. Es gab auch Gruppen, die sich auf vollmundige Werbung der Deutschen freiwillig gemeldet hatten. Vor allem in Italien und Westeuropa waren Werber unterwegs, die einfachen Bauern von schönen Unterkünften und sattem Lohn in deutschen Fabriken vorschwärmten. Das Arbeitsamt Celle schilderte einen solchen Fall aus der Burgdorfer Spargelernte von Juni 1944: "In den letzten Apriltagen wurden einer Konservenfabrik italienische Landarbeiter für die Spargelsaison zugeführt. Diese Kräfte machten einen guten und willigen Eindruck. Der Betriebsführer teilte jedoch mit, dass die italienischen Arbeiter ohne Arbeitskleidung eingetroffen seien. Ferner sei ihnen mitgeteilt worden, dass sie einen täglichen Arbeitslohn von 70 Lire (7 Mark) verdienen würden. Durch derartige Versprechungen, die hier nicht gehalten werden können, entstehen ernste Differenzen zwischen Betriebsführern und angeworbenen Arbeitskräften." Italienische Militärinternierte wurden vor allem in der Mineralölindustrie eingesetzt. Die hiesigen Erdölfelder genossen die höchste Priorität vor allen anderen Industrien. Offene Stellen wurden hier vorrangig besetzt. Allein im Oktober 1943 kamen 115 Italiener zu den Erdölbetrieben. Sie hatten auch Recht auf Urlaub. Viele kehrten schon vor dem Hintergrund der veränderten Kriegslage aus diesem dann nicht mehr aus ihrer Heimat zurück.

Es gab auch Sowjetbürger, die auf deutscher Seite standen: "Aus mehreren Ortsbauernschaften wird gemeldet, dass die dort beschäftigten Ostarbeiter sich freiwillig zu der Wlassow-Armee gemeldet haben. Die Einberufungen folgten durch die Wehrmeldeämter der SS", berichtete das Celler Arbeitsamt im Februar 1945 über den Aufbau der Armee sowjetischer Stalin-Gegner.

Noch im zweiten Quartal 1944, wenige Wochen vor Invasion der Amerikaner in der Normandie, waren 1.446 Ausländer aus besetzten Gebieten neu im Celler Bezirk eingesetzt worden. Darunter waren 954 Männer und Frauen aus Osteuropa. Der Mangel an Arbeitskraft führte aber auch zur Verpflichtung von Strafgefangenen. In einem Kalibergwerk im Celler Raum, von dem nur der Tarnname "Hirsch" bekannt ist, wurden 70 Zuchthäusler aus Celle beschäftigt. Sie kamen nur einmal in der Woche für ein bis zwei Stunden an das Tageslicht und wurden schwer krank. Auf Beschwerde des Oberbergamtes in Clausthal, die Leute übertägig wohnen zu lassen, teilte die Gefängnisleitung mit, "dass Gesundheit und Leben eines einzelnen Gefangenen nicht wesentlich" seien.

Die Statistik des Landkreises Burgdorf aus der unmittelbaren Nachkriegszeit gibt einen konkreteren Eindruck von der Zahl der ausländischen Arbeitskräfte.

Am 1. Oktober 1943 zählte die Kreisstadt Burgdorf 7.255 Einwohner gegenüber 6.304 am 1. April 1939. Am 9. Dezember 1943 waren 775 Bombengeschädigte aus Hamburg, Bremen und Hannover allein in der Stadt Burgdorf gemeldet gewesen. Auf dem Stadtplan mit Stand 1943 sind mehrere mögliche Standorte für den Bau von Behelfsheimen verzeichnet.[9] Vorangegangen war die Anordnung zum Bau von Behelfsheimen und Baracken für Ausgebombte aus Großstädten sowie Maßnahmen zur Sicherstellung überschüssigen Baumaterials im Landkreis zum Bau dieser Häuser in allen größeren Orten.

Die Stadt Burgdorf hatte laut Statistik des Landkreises Burgdorf am 1. Juni 1945 7.350 Einwohner.[10] Dazu kamen 3.230 Flüchtlinge aus den Ostprovinzen. 70 Ausländer lebten unter "festen Adressen" sowie 1.231 "Ausländer in Lagern". Am 1. Juni 1945 waren Im Landkreis Burgdorf Ausländer untergebracht in Lagern der Stadt Burgdorf (1.231 Personen), der Gemeinde Heeßel (266 im DRK-Lager), der Gemeinde Sorgensen (450), der Stadt Lehrte (4.144), der Ge-

---

[9]   Archiv der Region Hannover/ Neustadt am Rübenberge. KABU Nr. 507. (Landratsamt 1943-1945).

[10]   Archiv der Region Hannover/ Neustadt am Rübenberge. L Nr. 6499. (Amt für Wohnungsbau).

meinde Hänigsen (855), der Gemeinde Ilten (450). Dies waren die Orte mit den größten Lagerkapazitäten im Landkreis und somit auch die Orte, in denen während des Krieges die meisten Ausländer beschäftigt gewesen waren. Insgesamt lebten im gesamten Landkreis Burgdorf im Juni 1945 7.401 Ausländer in Lagern. Darüber hinaus lebten im Landkreis Burgdorf 1.315 weitere Ausländer "unter festen Adressen". Dies waren in der Stadt Burgdorf 70, in der Stadt Lehrte 20, in Ahlten 40. Insgesamt lebten also im gesamten Landkreis Burgdorf im Juni 1945 8.716 Ausländer. Die Zahl der Flüchtlinge aus den deutschen Ostprovinzen betrug zum selben Zeitpunkt 37.661, die der Einheimischen 44.586. Ein anderes Papier nennt 1945 für die Stadt Burgdorf 7.908 Einheimische. Evakuierte aus der britischen Zone sind 632 genannt (Ausgebombte). Evakuierte aus der russischen Zone lebten 440 in Burgdorf. Ausländer in Lagern gab es 520. In Hänigsen lebten zur selben Zeit 599 Ausländer in Lagern.

Die Erdölwerke Elwerath bei Nienhagen waren 1944 der mit Abstand kriegswichtigste Betrieb im Bezirk des Celler Arbeitsamtes. Von hier aus erstreckte sich eines der ergiebigsten Felder Deutschlands bis in den nördlichen Landkreis Burgdorf und in die Gemarkungen von Obershagen und Hänigsen hinein. Am 29. September 1934 war es zu dem bis dahin schwersten Erdölbrand in der deutschen Geschichte mit 17 Toten und zwölf Schwerverletzten gekommen, nachdem die Bohrung N 22 in der Teufe von 1027,50 Meter fündig geworden.[11] Nach starker Eruption entzündete sich das Öl-Gasgemisch sofort. Erst am Folgetag konnte das Feuer gelöscht werden. Dieses Ereignis beeinflusste künftige Entscheidungen zur Prävention und zum Schutz der Erdölanlagen. Auch der Landkreis Burgdorf half in den Folgejahren beim Ausbau der Infrastruktur und gab Zuschüsse für die Ausrüstung der Wehren wie für die Beschaffung moderner Motorspritzen.

---

[11] Wilfried Regner. Das Inferno. Brandkatastrophe auf der Nienhagen 22. Nienhagen 2010. Seite 17ff.

Das Betriebsgelände des früheren Erdölunternehmens Elwerath in Nienhagen ist heute immer noch Standort der Gas- und Erdölindustrie. 1943 war es kriegswichtigster Betrieb im Bezirk des Celler Arbeitsamtes. © Ralf Bierod

1939 erreichte Elwerath den bisherigen Förderrekord von 188.000 Tonnen. 1944 erzielte das Unternehmen nach einem Einbruch noch einmal rund 175.000 Tonnen. 1944 besaß die Elwerath Konzessionen im gesamten Gebiet von Nordwestdeutschland, entlang von Ems, Aller, Weser und Elbe und auch in Schleswig-Holstein bis Kiel hinauf. Und auch in Österreich hatte das Unternehmen Interessengebiete erschlossen. Hier im Wiener Becken war es 1941 im Feld Mühlberg zu einem gewaltigen Gasausbruch gekommen. 1942 übernahm Elwerath die Betriebsführung für Anlagen in Kroatien und Serbien. 1944 erreichte die Statistik der Lohnempfänger den bisherigen Höchststand mit 1.892 Kräften. Darin war die Zahl der angestellten Gehaltsempfänger nicht erfasst. Am 8. April 1945 erfolgte der dritte schwere Luftangriff auf das Werk Nienhagen, der die vollständige Zerstörung des Betriebs zur Folge hatte. Dennoch wurden auch 1945 noch mehr als 110.000 Tonnen gefördert.[12] Im Betrieb Nienhagen arbeiteten 1944 66 Zivilarbeiter aus der Ukraine. In diesem Werk nahm die "Ukrainer-Aktion" der Gestapo-Leitstelle Lüneburg ihren Anfang. Der sowjetische Spitzel, der die Gestapo über den Aufbau einer Widerstandgruppe informiert hatte, stammte aus diesem Betrieb. In den Zeugenaussagen ist grundsätzlich nicht von Ukrainern als Nationalitätengruppe die Rede. Für die deutsche Bevölkerung waren auch diese allesamt "Russen". Die Begriffe Sowjetunion, Sowjetbürger oder sowjetisch benutzte man im nationalsozialistischen Deutschland umgangssprachlich nicht. Hier verwandte man den Begriff Bolschewisten. Für die deutsche Bevölkerung blieben auch nach dem Krieg sämtliche Völker der Sowjetunion allein "Russen". Nur die Militärregierung nahm nach 1945 in ihrer Korrespondenz mit deutschen Behörden Differenzierungen vor und unterschied zwischen Ukrainern, Letten, Litauern, Esten, Weißrussen, Kasachen oder Russen. Wenn also in den folgenden Zitaten und Zeugenaussagen von Russen die Rede ist, so sind hier die Ukrainer gemeint, Zivilarbeiter, die einen anderen Status hatten als sowjetische Kriegsgefangene.

---

[12] Helmut Fahrion. Die Gewerkschaft Elwerath. Chronik des Erdölunternehmens 1866-1969. Hannover 1987. Seite 35-55.

Das Gebäude des früheren Arbeitsamtes Celle in der Fuhsestraße, zu dessen Bezirk auch der Landkreis Burgdorf zählte. Im zweiten Obergeschoss befand sich das Büro des Gestapo-Außenpostens. In diesem Haus liefen alle Daten sämtlicher Arbeitskräfte und der Arbeitgeber zusammen. Damit saßen die Gestapo-Beamten direkt an der Quelle. © Ralf Bierod

Das Celler Arbeitsamt hatte seinen Sitz in der Celler Fuhsestraße in einem damals sehr modernen Bürogebäude. Seit etwa 1943 unterhielt die Stapo Lüneburg im zweiten Obergeschoss in mehreren Räumen ihr Celler Büro, "Außenposten" genannt.[13] Dies war besonders nützlich, da das Arbeitsamt die Schnittstelle war, in der sämtliche Daten über ausländische Arbeitskräfte und Betriebe, die

---

[13]   Zuvor befand sich das Büro des Celler Außenpostens der Stapo Lüneburg in einem Gebäude der Hannoverschen Straße.

diese beschäftigten, zusammenliefen. Aber auch die Daten über alle dienstverpflichteten Deutschen und deren Arbeitgeber wurden im selben Haus verarbeitet. Kräfteanforderungen richteten große und wichtige Betriebe direkt oft telefonisch an das Arbeitsamt. Auch Beschwerden und Vorkommnisse wurden von den Betrieben fernmündlich übermittelt. So saßen also die zwei späteren Angeklagten Hermann B. und Herbert K. direkt an der Quelle. Gestapo-Arbeit war darauf ausgerichtet, dem "Feind im Innern" zuvorzukommen, damit sich auf dem Gebiet des Altreiches keine "dritte Front" aufbauen konnte, die den Staat von innen "zersetzt". Die Gefahr, dass sich ausländische Arbeitskräfte bewaffnen oder Sabotage in Rüstungsbetrieben verüben könnten, wurde besonders nach der verlorenen Schlacht von Stalingrad, gesehen.

Schon die sogenannte Volksschädlingsverordnung von 1939, die der Todesstrafe für Bagatellen Tür und Tor öffnete, war darauf ausgerichtet gewesen, im kommenden Krieg an der Heimatfront Widerstand und Disziplinlosigkeit gar nicht erst aufkommen zu lassen. Die Stapo Lüneburg umfasste drei Abteilungen. Die erste Abteilung bildete die Verwaltung. Abteilung II hatte die innenpolitische Zuständigkeit, war somit auch für die Wirtschaft, die deutschen Dienstverpflichteten und den Ausländereinsatz im Bezirk zuständig. Die dritte Abteilung war zuständig für politische Gegner und die Abwehr von außen, etwa durch ausländische Spionage. Diese dritte Abteilung bearbeitete auch die Fälle des "verbotenen Umgangs" deutscher Frauen mit zivilen und kriegsgefangenen Ausländern.[14]

---

[14] Nils Köhler. Zwangsarbeit in der Lüneburger Heide. 2. Auflage. Bielefeld 2004, Seite 363.

3. Aussagen

3.1. Protokoll der Vernehmung des Angeklagten Hermann K.

Hermann K., einer der zwei Beschuldigten des Lüneburger Schwurgerichtsverfahrens, unterzeichnete am 15. Januar 1948 nachfolgend zitiertes Protokoll der Vernehmung der britischen Gruppe zur Untersuchung von Kriegsverbrechen in der Untersuchungshaft des Gefängnisses in Fischbeck bei Hamburg.[15] Ein wesentlicher Teil der Verhöre beschäftigte sich mit der Razzia gegen Ukrainer und andere Osteuropäer im Sommer 1944 im Landkreis Burgdorf. Denn für diese umfangreiche Gestapo-Aktion gab es im Gegensatz zu vielen anderen angeklagten Vorfällen die meisten Zeugen. In diesem ersten Papier bauschte Hermann K. die angeblich von Osteuropäern organisierte Diebstahlsaktivität im Umfeld des Lehrter Güterbahnhofs enorm auf. Am 28. Januar 1948 stellte sich dies in seiner Aussage unter Eid schon anders da. Hier war Hermann K. offenbar durch die Ermittler bereits mit Aussagen weiterer Beteiligter konfrontiert worden. Zunächst folgt seine rein subjektive Darstellung vom 15. Januar 1948:

"In den Monaten April/Mai 1944 erfolgten im Kreise Burgdorf in der Nähe von Hannover von unbekannter Seite fortgesetzt bandenmäßige Güterberaubungen bei der Reichsbahn. Besonders umfangreich waren die Güterberaubungen in Lehrte und dessen Nähe. Jeder haltende Zug war gefährdet und blieb selten verschont, der Bevölkerung bemächtigte sich eine große Unruhe und die Anzeigen häuften sich. Fahrräder waren weder im Hause noch sonst wo sicher. Die verschärften Fahndungen der Polizeiorgane ver-

---

[15] Public Record Office London. WO309/1249.

schiedenster Art blieben ohne Erfolg, da die Banden sehr geschickt vorgingen.

Ende Mai 1944 wurde dann von einem Russen angezeigt, dass diese Räubereien von sogenannten Ostarbeitern ausgeführt wurden, die teilweise bewaffnet waren (Schusswaffen).Die vorsichtigen Ermittlungen bestätigten dieses. Es bestanden mehrere Ostarbeitergruppen, die an diesen Räubereien beteiligt waren und mit dem Diebesgut einen schwunghaften Handel betrieben.

Zusammen mit der Ortspolizei und der Gendarmerie erfolgte dann an einem Junimorgen 1944 schlagartig die Überholung der unterkünfte dieser Ostarbeiter. Dabei wurden zehn bis zwölf Schusswaffen, sowie sehr viele Fahrräder, Anzüge, Hosen und Wäsche gefunden. Bei der einen Unterkunft musste ein großer Lastwagen mit Anhänger zum Abtransport der vielen gestohlenen Fahrräder zum Landratsamt benutzt werden.

Bei Befragung der festgenommenen zunächst 80 Ostarbeiter stellte sich heraus, dass der Personenkreis der Beteiligten wesentlich größer war. Es bestand die Absicht, Bauernhöfe durch bewaffnete Banden zu überfallen, um Jagdwaffen und andere Waffen und Munition in den Besitz zu bekommen. Später sollten auch Flak- und Scheinwerferstellungen überfallen werden, um Waffen zu bekommen. Auch die in Burgdorf stationierte Feuerschutzpolizei sollte entwaffnet werden, wenn genügend Waffen vorhanden waren.

Es wurden damals annähernd rund 300 Ostarbeiter, alles junge Burschen, fast alle unter 20 Jahren, vorläufig festgenommen und etwas über 40 davon zur Arbeitsleistung in das KL Neuengamme überführt, die anderen entlassen. Die Anordnung hierzu kam von Berlin. Die Aktion wurde von unserem vorgesetzten, Kriminalrat W., geleitet. Die Bevölkerung atmete damals sichtlich auf, als die Räubereien aufhörten.

Nun wird uns Beamten, die damals mitwirkten, vorgeworfen, wir hätten damals die Häftlinge mit Gummiknüppeln, Peitschen usw. geschlagen. Ich gebe zu, dass ich einmal mit dem Gummiknüppel vorging, als mir bei der Brotverteilung sechs Brote gestohlen wurden, wodurch mir die Wiederbeschaffung der Brote gelang und die Versorgung der Häftlinge sichergestellt war. Ich benutzte den Gummiknüppel aber erst, als die Burschen eine drohende Haltung gegen mich einnahmen in rechtmäßiger Ausübung meines Dienstes. Dieses geschah im Aufenthaltsraum der Häftlinge, einer Turnhalle. Wir Beamten befanden uns getrennt in zwei Schulzimmern vor der Turnhalle gelegen, wo wir unsere Vernehmungen durchführten. Wir waren somit nur selten in dem Aufenthaltsraum der Häftlinge. Ich weiß nicht, ob in meiner Abwesenheit Auseinandersetzungen mit Häftlingen erfolgten, doch kann es zu solchen besonders mit Russen, die als Dolmetscher tätig waren, gekommen sein. Zweimal am Tage bewegten sich die Häftlinge, soweit die Lust dazu hatten, zehn Minuten durch Umhergehen oder Laufen, da eine andere Bewegungsmöglichkeit fehlte. Hierbei sollen wir besonders mit Gummiknüppeln geschlagen haben, was nicht stimmt.

Ich soll weiter eine junge Russin veranlasst haben, in ein für Luftschutzzwecke bereitgestelltes Fass mit Wasser einzusteigen. Dieses stimmt nicht. Vielmehr war es so, dass ich hinzukam, als die Russin in das Fass stieg. Sie lachte dabei. Ein russischer Dolmetscher stand dabei, auf meine Frage, was das solle, gab er mit zur Antwort, das Mädchen wolle sich abkühlen, denn es war sehr heiß. Ich untersagte dieses und gestattete ein Brausebad für alle Häftlinge in den angrenzenden Duschräumen. Die junge Russin war durchaus nicht böse, denn sie hatte kein Schuhzeug an und hatte es als angenehm empfunden sich abzukühlen. Es ist unverständlich, wenn die Sache jetzt so ausgelegt wird, als wenn die Russin zwangsweise in die Tonne gesteckt wurde und ich daran beteiligt sein solle. So eine Handlung wäre wohl auch mehreren kräftigen Männern nicht gelungen, denn das Mädchen hätte sich wohl gewehrt und das Vorhaben vereitelt.

Weiter soll ich an der Exekution eines Ausländers im Kreise Burgdorf teilgenommen haben.[16] Dieses stimmt nicht. Vielmehr war es so: mein Kamerad B. und ich waren zu einer Exekution eines Ausländers, vermutlich Russen, im Kreise Burgdorf befohlen. Kamerad B. führte den Dienstkraftwagen, den wir benutzten. Im betreffenden Ort warteten wir über drei Stunden auf das Exekutionskommando, bestehend aus einem Obersturmführer aus Lüneburg und zwei oder drei uns unbekannten Beamten, sowie einen Arzt und einen Dolmetscher, die auch den Häftling mitbrachten. Wir hatten den Vorgang nicht bearbeitet und ich weiß heute noch nicht, ob es sich um einen Russen oder einen Polen gehandelt hat. Das Kommando hatte sich sehr verspätet, weil Glatteis und Schneefall bei starker Kälte herrschte. Kamerad B. und ich bekamen von dem leitenden Obersturmführer vor der Exekution den Auftrag, nicht daran teilzunehmen, sondern für Fertigstellung des beabsichtigten Mittagessens Sorge zu tragen, welches im Nachbardorf in einem Lokal von mir bestellt war. Dadurch nahmen wir nicht an der Exekution teil. Kamerad B. und mir ist bekannt, dass es sich bei der Exekution um die Vollstreckung eines rechtmäßigen Urteils handelte, welches von Berlin erlassen wurde, denn der Obersturmführer zeigte uns das Urteil und wir hatten keinen Zweifel an dessen Echtheit und Rechtmäßigkeit.

Der Kampf gegen die Räuberbande im Kreise Burgdorf war eine zwingende Polizeihandlung zur Aufrechterhaltung der öffentlichen Ruhe und Sicherheit. Außer uns nahmen noch viele andere Beamte in Uniform und einige in Zivil teil. Damals war man uns sehr dankbar für unser Einschreiten. Es ist bedauerlich für uns, dass diese notwendige Handlung jetzt so gegen uns ausgewertet wird.

Nach der Invasion nahmen die Räubereien, begangen von schlechten Elementen unter den ordentlichen Ostarbeitern, einen erschreckenden Umfang an. Besonders in der Nähe von Hannover in

---

[16] Exekution eines polnischen Zwangsarbeiters im Ort Röhrse, der bis 1974 zum Landkreis Burgdorf gehörte.

Lehrte und Umgebung. Diese Zustände bildeten die größte Gefährdung der öffentlichen Sicherheit. Auch im vorliegenden Falle, den wir bearbeiteten, handelte es sich um Personengruppen, die aus verbrecherischer Neigung und Gewinnsucht fortgesetzte Räubereien begingen. Es war daher unumgänglich, gegen sie einzuschreiten. Siehe auch die eidesstattliche Erklärung des Kriminalkommissars J. von der ehemaligen Staatspolizeileitstelle Hannover. Es handelte sich um die gleichen verbrecherischen Kreise, die auch noch nach der Kapitulation ihre Verbrechen fortsetzten und den Ordnungsorganen der Besatzungsmacht Jahre hindurch die größten Schwierigkeiten machten und dabei es sogar zu Feuergefechten kam, wie durch Rundfunk und Presse bekannt geworden ist. Es kann uns daher unmöglich ein schuldhaftes Einschreiten im vorliegenden Falle zur Last gelegt werden, da wir in rechtmäßiger Ausübung unseres Dienstes handelten."

Hermann K.

Im 1950 geführten Verfahren gegen Hermann K. und Herbert B. stellte das Gericht in Lüneburg die Razzia an sich keineswegs infrage und folgte vielmehr der Auffassung, dass eine Widerstandsgruppe aufgebracht worden war zur Vereitelung weiterer Straftaten. Verantwortlicher Leiter der "Ukrainer-Aktion" war der Leiter der Stapo Lüneburg Augst W. gewesen, gegen den keine Anklage erhoben worden war, nachdem man ihm die Verantwortlichkeit für die Exekution von Polen im Landkreis Burgdorf nicht hatte nachweisen können.

3.2. Aussage von Richard B., Lagerführer des Lagers der "Gewerkschaft Elwerath" in Nienhagen am 13. Juni 1947

"Im Jahre 1944 wurde von der Gestapo in der ganzen Umgebung eine Aktion gegen die Russen durchgeführt. Diese sollten angeblich Sabotageakte in den Betrieben geplant haben Bei dieser Gelegenheit kam die Gestapo auch in das Lager Elwerath Nienhagen. Die Russen mussten aus den Unterkunftsräumen heraustreten, wonach die Schränke und die Betten untersucht wurden. Alle 66 Russen wurden nach Burgdorf zur Vernehmung gebracht. Die Aktion wurde von den erschienenen 20 Polizisten und Gestapoleuten durchgeführt. Nach einigen Tagen kamen dann 55 Russen in das Lager zurück. 11 Russen blieben in Burgdorf. Wo diese geblieben sind, kann ich nicht sagen."[17]

Die zwei deutschen Zeugen Heinrich U. und Irene W., die zum Küchenpersonal des Lagers gehörten, erinnerten sich in ihren Aussagen vom 18. Oktober 1947 vom 27. März 1947 an heftige Schläge, mit denen die Gestapo-Beamten bei ihren Verhören die Verdächtigen in Nienhagen misshandelt hatten.[18]

Die Angeklagten Hermann K. und Herbert B. befanden sich zu jener Zeit bereits in der Internierungshaft in Fischbeck und nahmen zu den geäußerten Vorwürfen der britischen Untersuchungsgruppe zur Ermittlung von Kriegsverbrechen Stellung.

---

[17] Hauptstaatsarchiv Hannover. Nds. 721 Lün. Acc. 153/82. Nr. 5.
[18] Nils Köhler. Zwangsarbeit in der Lüneburger Heide. Organisation und Alltag des "Ausländereinsatzes" 1939-1945. 2. Auflage. Bielefeld 2002. Seite 398.

3.3. Aussage unter Eid des Angeklagten Hermann K.

Im Gegensatz zu seiner Vernehmung vom 15. Januar 1948, wurde der Angeklagte Hermann K. in seiner Aussage unter Eid vom 28. Januar 1948 mit konkreten Aussagen anderer Beteiligter konfrontiert, die seine Schilderungen teilweise nicht bestätigen konnten und ihn dagegen belastet hatten.

Deposition on oath of Hermann K., male, at present interned at No. 2 WCHC Fischbeck, sworn before Lt. H.E. Meyer, R. Berks. Regiment of Field Investigation Section War Crimes Group at Fischbeck on 28. January 1948.

"Ich sage Folgendes unter Eid aus. Ich war Mitglied der N.S.D.A.P. seit Mai 1933 bis zum Ende des Krieges. Ich bin von der Kriminalpolizei zur Staatspolizei im September des Jahres 1933 versetzt worden als Kriminalassistent, und wurde im November 1935 zum Kriminalsekretär befördert. Am 1. Februar 1945 wurde ich Kriminaloberssekretär.

Ich kam Anfang Dezember 1942 zum Außenposten Celle als Sachbearbeiter unter Kriminaloberssekretär L. und zwar bis September 1943. Dann kam ich nach Lüneburg zurück bis April 1944 und ging dann als stellvertretender Dienststellenleiter nach Celle zurück. Ich war dort örtlich selbstständig, aber abhängig von Lüneburg. Dort war Kriminalrat W. Dienststellenleiter, bis zum Herbst 1944, blieb aber da als Vertreter und Leiter des Außendienstes. Im März 1945 wurde ich von Celle zu dem Arbeitserziehungslager Unterlüß versetzt.

Als ich endgültig im April 1944 nach Celle kam, befanden sich die Diensträume der Staatspolizei im Arbeitsamt Celle auf der zweiten Etage. Zu dieser Zeit war Assistent B., und als Schreibkraft Fräulein M. hier tätig. Etwa August 1944, spätestens September wurde B. als Kraftfahrer mir zugewiesen.

In den Arbeitsdiensträumen der Staatspolizei wurden Fälle von Deutschen sowohl wie von Ausländern erledigt. Die Ausländer waren mindestens 80% russische Zivil-Arbeiter. Von den restlichen 20 % war der größte Teil Polen. Bei den ausländischen Fällen war es so, dass die Bearbeitung der Einzelfälle und Überführung der Täter fast immer bereits durch die örtlichen Gendarmerie-Beamten erledigt war. Unsere Dienststelle bekam die Häftlinge lediglich zugeführt, um eine Bestrafung herbeizuführen. Diese Strafe wurde dann im Gerichtsgefängnis Celle abgebüßt.

Im Arbeitsamt an unserer Dienststelle hatten wir in erster Linie bei Ausländersachen die Aufgabe zu prüfen, was mit den Häftlingen geschehen sollte. Handelt es sich um leichte Fälle, so erfolgte eine mündliche Verwarnung, entweder direkt oder durch einen anderen Häftling der dolmetschen konnte. Waren die Fälle ohne weiteres als besonders schwer zu erkennen, oder bestanden noch Unklarheiten, so erfolgte die Einweisung dieser Häftlinge in das Gerichtsgefängnis Celle, damit eine spätere Nachprüfung und Entscheidung folgen konnte. Ich gebe zu, dass es manchmal bei dieser Massenabfertigung zu recht erregten Auseinandersetzungen zwischen Häftlingen und mir oder aber auch zwischen Häftlingen und den Gendarmerie-Beamten kam, wobei gelegentlich auch eine Ohrfeige erteilt wurde. Auch ich selbst habe gelegentlich wie ich damals annahm, aus erzieherischen Gründen jungen Burschen eine Ohrfeige gegeben, wenn es mir angebracht erschien. Ich weiß auch einen Fall, dass ein Gendarmerie-Beamter einem Russen, mehrere Schläge mit dem Gummiknüppel versetzte auf Rücken und Gesäß, wobei es natürlich nicht geräuschlos zuging. Ich untersagte ihm dieses und er hat dann auch davon abgelassen.

Ich bin soeben gefragt worden, ob es vorgekommen sei, dass jemals ein Häftling aus der Dienststelle geflüchtet sei. Hierzu muss ich sagen, dass dieses in einem Fall geschehen ist. Als ich eines Mittags aus der Stadt kam, es war ca. 3 Uhr, war ein Russe von der Polizei in die Dienststelle gebracht worden. Dieser Häftling sollte zunächst durch einen Ortspolizeibeamten zunächst im Gerichtsgefängnis untergebracht werden, da wir nicht feststellen konnten, wer es war, und ihn zunächst überprüfen wollten. Er durfte im

Abfertigungszimmer in einer Ecke sitzen, in welchem sich außer ihm entweder eine oder zwei weibliche Angestellte befanden. Ich selbst befand mich im Nebenzimmer, zu dem die Tür offen stand. Plötzlich rief eine Büroangestellte mich und sagte, der Mann ist weggelaufen. Unten wurde mir gesagt, dass er zum Gartenland an der Fuhse gelaufen sei. Ich folgte ihm und sah ihn erstmalig wieder, als er nicht mehr weit von der Fuhse war. Die ganze Wegstrecke muss ca. 150 Meter betragen haben. Ich rief ihn an, er möge stehenbleiben, da ich ihn wegen des Vorsprungs nicht mehr hatte einholen können. Er sah sich um, stolperte dabei und fiel. Sprang aber sofort wieder auf und lief dann in die wenige Meter entfernt fließende Fuhse hinein. In der Mitte dieses kleinen Flusses, etwa acht Meter breit, blieb er stehen. Es wäre ihm ein leichtes gewesen, das andere Ufer des Flusses zu gewinnen, ehe ich ihn hätte erreichen können, dort hätte er bequem in den Gärten oder den angrenzenden Häusern verschwinden können. Er blieb aber mitten im Wasser stehen und sah mich an. Ich rief ihn herauszukommen, doch er bedeutete mir, er wolle sich das Leben nehmen. Als ich schließlich zur Drohung meine Dienstpistole herausholte und ihm sagte, dass ich auf ihn schießen müsste, wenn er nicht käme, kam er an Land. Ich half ihm das dort steile Ufer herauf und sah, dass er vollkommen nass war, obgleich ihm das Wasser eben über die Hüfte reichte. Er musste also, was ich nicht sehen konnte, entweder in das Wasser gefallen sein, oder er sprang hinein. Ich sah, dass der Mann aus der Nase und auch am Kopf blutete. Er musste sich irgendwie beim Fall verletzt haben. Ich ging mit dem Mann jetzt zur Dienststelle zurück und Kamerad B., der kam hinzu. Im ersten Moment war der Mann ziemlich benommen, wehrte sich aber dann und wollte nicht gutwillig mitgehen. Ich hatte ihn am Rockärmel gefasst und Kamerad B. am anderen. Diese Angelegenheit machte ein großes Aufsehen am Arbeitsamt[19] und fast alle Fenster waren besetzt und es waren auch eine große Anzahl Angestellte,

---

[19] Seit 1943 belegte die Gestapo im Arbeitsamtsgebäude der Celler Fuhsestraße fünf Räume im zweiten Obergeschoss.

sei es aus Neugierde oder um uns zu helfen herausgeeilt. Auf Einzelpersonen kann ich mich nicht mehr besinnen, da ich ja nur das Ziel vor Augen hatte, den flüchtenden Häftling wieder zur Dienststelle zu bekommen um einer Gefangenenflucht aus dem Wege zu gehen. Ich habe diesen Mann auf dem Transport zur Dienststelle zurück nicht geschlagen. Wir haben lediglich das Sträuben des Mannes durch Kraftanwendung gebrochen und dadurch die Zuführung des Mannes zur Dienstelle erreicht.

Die Vernehmungen und Strafhandlungen wurden hauptsächlich im Gerichtsgefängnis Celle durchgeführt.[20] Dort war ein Zimmer als Vernehmungszimmer vorgesehen, welches uns meistens zur Verfügung stand. Nur in seltenen Fällen, wenn das Zimmer anderweitig besetzt war, entweder durch Kriminalpolizei oder Rechtsanwälte, erfolgte die Vernehmung in kleinen, durch Glas abgeteilten Räumen, in der 1. Etage, wo sonst die Gefängnisaufsichtsbeamten ihre Unterkunft hatten. Das Gefängnis Celle ist verhältnismäßig klein und reichte für anfallende Häftlinge nie aus. Es kam sehr oft vor, dass Häftlinge nicht aufgenommen wurden, weil kein Platz war. Wir haben lediglich aus diesem Grunde nicht selten Häftlinge trotz strafbarer Handlung sofort entlassen, weil wir einfach nicht wussten, wohin mit ihnen. Soweit es uns möglich war, die Vergehen der Einzelpersonen von einer Dienststelle zu übersehen, gaben wird dem Gericht fernmündlich Nachricht zur Entlassung der Häftlinge, damit wir den Platz bekamen. Dieses war aber nicht in diesem Falle möglich, denn wir hatten auch manchmal noch ergänzende Rückfragen an die Häftlinge, oder die Vernehmung durch die Gendarmerie-Beamten war so dürftig, dass wir damit nicht auskommen konnten. Wir begaben uns daher, meistens B. und ich zusammen, aber auch alleine, ins Gefängnis, um die einzelnen Häftlinge anhand der vorhandenen Vorgänge zu überprüfen und über ihre Entlassung bzw. Weiterverbleibens zu entschei-

---

[20] Das Gerichtsgefängnis befand sich in Celle zwischen Mühlenstraße und Schlossplatz. Es wurde in den 8oer Jahren abgerissen.

den. Für die einzelnen Häftlinge war die Dauerüberfüllung des Gefängnisses ein großer Vorteil, da sie oft nur einen oder zwei Tage dort verbringen mussten, obgleich zunächst zehn Tage oder 21 Tage Haft vorgesehen waren.

Nach den Bestimmungen, die von Berlin herausgegeben waren, mussten Ostarbeiter, die aufgegriffen wurden, oder Strafhandlungen begangen hatten, grundsätzlich Konzentrationslagern zugeführt werden. Bei Polen war es ähnlich. Nur mit dem Unterschied, dass die Anweisung hierzu bei Ostarbeitern von der Staatspolizeistelle, in diesem Falle Lüneburg und vorher Hamburg, ausging, während bei Polen Berlin bestimmte. Diese Anordnung war sehr hart und die meisten Beamten, die mit Ausländern dieser Art zu tun hatten, fanden Mittel und Wege diese Anordnung zu durchbrechen. Auch die vorgesetzten waren in den meisten Fällen mit dieser Regelung einverstanden. Kriminalrat W., der entscheidende Vorgesetzte für mich, war grundsätzlicher Gegner von Einweisungen ins KZ, da er mit Recht sagte, dass diesen jungen Leuten nicht das Leben verdorben werden sollte. Bevor ich als stellvertretender Dienststellenleiter nach Celle abreiste, hatte ich eine wichtige Besprechung unter vier Augen mit ihm und sagte mir dabei unter anderem: ‚Kommen Sie mir nur nicht mit Schutzhaftaufträgen, wie es ihr Vorgänger gemacht hat. Hauen Sie diesen jungen Leuten lieber den Hintern voll, das wird ihnen nichts schaden und die Leute werden ihnen vielleicht dankbar dafür sein." Ich selbst war derselben Ansicht wie Kriminalrat W. Wenn ich auch damals noch nicht wusste, wie es mir heute bekannt ist, dass so schlechte Zustände in den KZs herrschten, so konnte ich mir gut vorstellen, dass es nicht gerade gut war. Auch die Angst der Personen vor den einzelnen KZ bestärkte mich in dieser Auffassung. Ich musste aber die Häftlinge in irgendeiner Form der Bestrafung zuführen. Es ist vorgekommen, dass Bauern oder sonstige Betriebsführer in der Dienststelle bei mir erschienen und sich darüber beklagten, dass ich die Täter, die sie angezeigt hatten, nicht genügend bestraft hätte. Es ist sogar vorgekommen, das Klagen von Deutschen an der Dienststelle einliefen, weil bei Taten die Deutsche zusammen mit Ausländern begingen, die Deutschen vom Gericht zu hohen Gefängnisstrafen verurteilt wurden, während die Ausländer mit nur 21 Tagen Haft oder auch weniger davon kamen.

Wenn ich gefragt werde, ob es im Gefängnis vorgekommen ist, dass ich geschlagen habe, so muss ich dieses zugeben. Ich habe in Einzelfällen, Häftlingen bei denen ich es erforderlich hielt, gelegentlich eine Ohrfeige gegeben, oder sie bekamen auch einmal einige Schläge mit dem Gummiknüppel aufs Gesäß. Ich erinnere nicht, ob gelegentlich dabei geschrien wurde, aber es ist durchaus möglich.

In Einzelfällen ist es vorgekommen, dass besonders schwierig zu behandelnde Ostarbeiterinnen, die sich durchaus nicht fügen wollten, eine leichte Ohrfeige von mir bekamen. Es handelt sich grundsätzlich um junge Mädchen und ich verfuhr so, weil ich der Ansicht war eine derartige Erziehungsmaßnahme wäre nicht so schlimm und wirksam.

Ich weiß, dass Blutspritzer, allerdings in geringem Umfang an einer Wand im Vernehmungszimmer vorhanden waren und war auch zugegen, als dieses Vorhandensein verursacht wurde. An diesem Tag war ich allein im Gerichtsgefängnis um Häftlinge zu überprüfen, da sich das Gefängnis wegen Überfüllung beklagte. Um schneller mit den Einzelhäftlingen zurechtzukommen, fragte ich die angetretenen Häftlinge, ob jemand dolmetschen und wäre bereit wäre. Es meldete sich einer, ich weiß nicht, ob es ein Pole oder ein Russe war. Dieser war bei der Erledigung der einzelnen Fälle zugegen und ich teilte ihm mit, was er dem jeweiligen Häftling sagen sollte. Ein Häftling, ich glaube, es war ein Russe, wollte wohl nicht so, wie es der Dolmetscher verlangte, denn sie gerieten in Streit und plötzlich schlugen sie sich. Der Dolmetscher hatte zuerst dem anderen eine Ohrfeige gegeben. Der Häftling, der gefragt werden sollte, bekam starkes Nasenbluten. Ich weiß, dass durch Blutspritzer die Wand verunreinigt wurde. Ich selbst gab ihm zunächst ein Handtuch, das im Zimmer hang und wir gingen beide in eine Nebenzelle, wo fließend Wasser war, was ich wusste, damit er sein Blut stillen konnte.

Die als Dolmetscher fungierenden Häftlinge haben öfter, anscheinend um sich wichtig zu tun, die Häftlinge geschlagen, sodass wir oft die Parteien trennen mussten.

Im Winter 44/45, ich glaube kurz vor Weihnachten, wurden wir aus Lüneburg benachrichtigt, dass ich und B. als Zeugen bei einer Exekution eines Ausländers, die im Kreis Burgdorf stattfinden sollte, teilzunehmen hatten. Ich erinnere mich, dass es sehr schlechtes Wetter war und als B. und ich in dem betreffenden Dorf ankamen, mussten wir drei Stunden auf das Exekutionskommando warten. Als dieses kam, unter der Leitung eines Obersturmführers, dessen Namen mir nicht bekannt ist, stellten wir uns vor, und ich wurde nach dem Nachbardorf zusammen mit B. abgeordnet, um das Mittagessen so schnell wie möglich herstellen zu lassen. Weder B. noch ich haben an der Exekution teilgenommen und haben auch nicht als Zeugen mitgewirkt.

Ende Mai wurde von einem Russen angezeigt, dass im Kreis Burgdorf Gruppen von Ostarbeitern, sich als Räuberbanden organisiert hatten. Diese hatten vor, Güterzüge zu überfallen, hatten es auch schon in vielen Fällen gemacht, Waffen Fahrräder und Kleidung wurden in großen Mengen gestohlen. Diese Ostarbeiter sollten bewaffnet sein.

Dieses wurde in Lüneburg gemeldet und es wurde ein Kommando zusammengestellt unter Kriminalrat W., um eine Aktion gegen diese Ostarbeiter durchzuführen. B. sowohl wie ich wurden in das Kommando eingegliedert, und fuhren nach Burgdorf, wo wir uns mit den anderen Beamten trafen.

Zuerst wurden die Unterkünfte der Ausländer von den verschiedenen Kommandos einschließlich der Gendarmerie und der Feuerschutzpolizei zur gleichen Zeit durchsucht. Zehn bis zwölf Schuss-

waffen, sowie viele Fahrräder und Kleidungsstücke wurden vorgefunden. Bei der Befragung der Festgenommenen, zunächst ca. 80
Ostarbeiter, stellte sich heraus, dass der Personenkreis der Beteiligten größer war.

Es wurden damals ca. 300 Ostarbeiter, alles junge Burschen, zum
größten Teil unter 20 Jahren festgenommen, und nach und nach
zur Vernehmung zu der Turnhalle in Burgdorf gebracht. Die Vernehmungen wurden in zwei Schulzimmern vor der Turnhalle von
uns Beamten durchgeführt. Die Ostarbeiter, die sich von der Feuerschutzpolizei bewacht in der Turnhalle befanden, bekamen
Sprungmatten und Matratzen, worauf sie in der Turnhalle des
Nachts schliefen. Auch wurden alle betreffenden in der Turnhalle
verpflegt.

Ich und die anderen Beamten, die mit Ausnahme von B., der
hauptsächlich außerhalb zu tun hatte und nur weniger sich beteiligte, haben die Vernehmungen durchgeführt. Kriminalrat W. kam
täglich mit seinem PKW nach Burgdorf und überprüfte unsere
Tätigkeit und entschied im Einzelfall, ob die Häftlinge entlassen
werden konnten oder zur Arbeitsleistung nach Neuengamme überführt wurden.

Ich habe nie gesehen, dass während der Vernehmungen, die ca. 14
Tage dauerten, einer der Beamten je einen Ausländer geschlagen
hat. Einmal war ich gezwungen mit dem Gummiknüppel vorzuge-
hen gegen mehrere Ostarbeiter, welche mir sechs Brote entwendet
hatten, als ich von der Verteilung abberufen wurde. Dieses geschah
aber erst, als die Burschen eine drohende Haltung gegen mich
einnahmen. Als die Betreffenden verweigerten, mir das Brot zu-
rückzugeben, habe ich, um meiner Forderung Nachdruck zu ver-
leihen, ich glaube zwei von ihnen, mit dem Gummiknüppel, einige
Schläge auf den Rücken versetzt, worauf sie sich bequemten, die
Brote herauszugeben.

Einmal, als ich in die Turnhalle ging, um einen Häftling zur Vernehmung zu holen, sah ich eine junge Russin in einem in der

Turnhalle befindlichen Fass einzusteigen, welches dort für Luftschutzzwecke stand. Sie schien freiwillig in das Fass einzusteigen
und erklärte mir durch den Dolmetscher, dass sie sich abkühlen
wolle. Hierauf habe ich den Dolmetscher ausgeschimpft und ihm
gesagt, er solle den Unsinn unterlassen.

Auf Anordnung von Kriminalrat W. haben wir die Leute aufgefordert, wer will, in der Turnhalle morgens sich zu bewegen, gehen
oder laufen. Nicht alle haben mitgemacht und es war auch kein
Zwang.

40 dieser Ausländer wurden aufgrund Anordnung von Kriminalrat
W. nach Neuengamme zur Arbeitsleistung überführt. Soweit ich
mich erinnere wurden sechs Frauen ins Lager weitergeführt, wegen
Diebestaten."

3.4. Aussage unter Eid des Angeklagten Herbert B.

"Vernehmungen wurden auch im Gerichtsgefängnis Celle durchgeführt. Hier stand ein Vernehmungsraum zur Verfügung. K. und ich
haben manchmal zusammen und manchmal einzeln Vernehmungen durchgeführt. Manchmal waren K. und ich zusammen zu Vernehmungen, haben aber getrennt gearbeitet, er im Vernehmungsraum, ich im 1. Stock am anderen Ende des Zellenganges. Eine
Schreibkraft wurde nur genommen, wenn es sich um längere Vernehmungen deutscher Häftlinge handelte. Deutsche sowohl als
auch ausländische Zivilarbeiter wurden hier vernommen, die letzten waren hauptsächlich Russen. Die Vernehmungen wurden
meistens soweit wie möglich an einem bestimmten Tag der Woche
durchgeführt, fast jede Woche. [21]

Die ausländischen Häftlinge wurden von mir, sowohl wie von K. in
meiner Gegenwart bestraft, indem sie zwei bis drei Schläge mit
einem Gummiknüppel, die uns von der Gefängnisleitung zur Ver-

---

[21]   Hauptstaatsarchiv Hannover. Hann. 721 Lüneburg Acc. 153a/82 Nr. 284/1,
          Nr. 284/2, Nr. 284/3.

fügung gestellt waren, auf das Gesäß bekamen. Dabei handelte es sich meist um jugendliche Häftlinge, die wir nicht ins KZ schicken wollten, und wobei die Schläge als Erziehungsmaßnahme gedacht waren. Manchmal haben Häftlinge selber um Schläge gebeten, um nicht ins Lager zu kommen. Hierbei haben sich die Häftlinge übergebeugt, oder freiwillig über einen Tisch gelegt. Während der Vernehmungen, bei denen ich zugegen war, ungefähr die Hälfte, habe ich nie gehört, dass Häftlinge Schmerzensschreie ausgestoßen haben. Sie nahmen die Schläge als verdiente Strafe ruhig hin. Viele der Häftlinge wurden nach mündlicher Verwarnung, entgegen unserer Vorschrift, dem Arbeitsamt Celle zur Neuvermittlung überstellt.

Das System, dass mir gegenüber der Vernehmungsoffizier erwähnte, wonach die Häftlinge pro Lebensjahr einen Schlag mit dem Gummiknüppel erhielten, ist mir nicht bekannt. Ich sah auch nie etwas von Blutspritzern an der Wand des Vernehmungszimmers.

Manchmal wurden Dolmetscher von den Häftlingen ausgewählt und ich erinnere mich ein paarmal gesehen zu haben, dass diese den anderen Häftlingen Ohrfeigen austeilten. Einmal mussten wir sogar zwischentreten, um stärkere Grobheiten zu verhindern.

Ich habe nie mehr als zwei bis drei Schläge einem Häftling auf das Gesäß gegeben und in meiner Gegenwart hat K. ebenfalls nicht schwere Strafen ausgeteilt.

Ende des Jahres 1942 erhielt die Celler Dienststelle fernmündlich von Lüneburg den Auftrag, einer Exekution in Höfer, Kreis Celle, beizuwohnen. Ich fuhr zu diesem Zweck zusammen mit dem Kriminalobersekretär L. nach Höfer, wobei ich den Dienstkraftwagen steuerte. Bald nach unserer Ankunft traf dort auch der Kriminalrat W. mit einem Kommando und einem Häftling ein. Darunter befanden sich auch ein Arzt aus Neuengamme und ein Dolmetscher der Lüneburger Polizei. Erst dort erfuhr ich auf Befragen, warum der Häftling aufgehängt wurde. Ich habe es inzwischen jedoch wieder vergessen. Der Häftling wurde dann außerhalb des Dorfes

Höfer in einem Waldstück an einem transportablen Galgen aufgehängt, nachdem vorher Kriminalrat W. das Urteil des Chefs der deutschen Polizei verlesen und dann auch ein Dolmetscher in der Muttersprache des Häftlings dieses bekanntgegeben hatte.

Nachdem der anwesende Arzt den Tod bescheinigt hatte, wurde die Leiche in einen Sarg gelegt und in ein Transportauto gebracht. Anschließend begaben sich alle Beteiligten in die Kantine des Werkes Mariaglück, wo eine Erbsensuppe eingenommen wurde. Die Leiche stand dabei abseits mit dem Auto im Gehölz. Ich hatte an der Exekution selbst keinen Anteil, sondern habe L. nur mit dem Wagen dorthin gebracht und später wieder zurück nach Celle.

Im November 1944 bekamen K. und ich von der Hauptdienststelle in Lüneburg wieder den Auftrag an einer Exekution teilzunehmen. Die Exekution sollte in Röhrse, Kreis Burgdorf, durchgeführt werden. Wir fuhren zu dem bestimmten Tage nach Röhrse und warteten dort auf das Eintreffen des Kommandos von Lüneburg. Dieses dauerte über drei Stunden, denn die Wetterlage war sehr schlecht, es war Glatteis und Neuschnee. Das Kommando bestand aus einem Obersturmführer[22], einem Arzt, einem Dolmetscher und zwei oder drei anderen Personen. Es waren mir alles unbekannte Personen. An der Exekution, die außerhalb des Dorfes durchgeführt wurde, nahmen K. und ich nicht teil. Wir bekamen von dem Obersturmführer den Auftrag, im Dorf für ein Mittagessen zu sorgen und ich selbst musste ein Ferngespräch führen. Ich habe also von der Exekution nichts gesehen. Nach dem Mittagessen begab ich mich zusammen mit K. in unserem Dienstkraftwagen nach Celle zurück. Ich weiß heute noch nicht, warum der Häftling aufgehangen wurde.

---

[22] Obersturmführer war im NS-Staat ein Dienstrang der SS, der zweite Offiziersrang der "Schutzstaffel SS". Eingeführt wurde die Bezeichnung in der Folge der Notstandsverordnung und der Ermächtigungsgesetze im Jahr 1933. Allgemein vergleicht man den Rang Obersturmführer mit dem militärischen Rang des Oberleutnants.

Etwa im Mai oder Juni meldete ein russischer Zivilarbeiter, dass sich im Kreise Burgdorf und in der Lehrter Gegend eine Anzahl russischer Zivilarbeiter zur gemeinsamen Begehung von Diebstählen und Überfällen zusammengetan hatten. Diese Russen sollten sich bereits im Besitz von Waffen befinden und durch Mundpropaganda und schriftlicher Aufrufe zur weiteren Begehung von Verbrechen auffordern. Insbesondere war dabei gedacht, die Arbeitgeber zu überfallen und sich in den Besitz deren Jagdgewehre und sonstiger Waffen zusetzen. Der anzeigende selbst war aufgefordert worden, sich daran zu beteiligen, dieses hatte er jedoch abgelehnt. Er erklärte uns, dass er kein Interesse habe, denn seine Eltern seien von den Bolschewisten nach Sibirien verschleppt worden. Wir forderten ihn daraufhin auf, zum Schein mitzumachen und uns in der Folgezeit auf dem Laufenden über die Zusammenkünfte der Russen zu halten. Dieses geschah, so dass wir genauestens über die Pläne dieser Bande im Bilde waren. Wir erfuhren weiter, dass sie zur Nachtzeit auf freier Strecke haltende Güterzüge beraubten und das Depot des Diebesgutes sich auf dem Gelände des Bahnhofs Immensen bei Lehrte befinden sollte. Eine Gruppe dieser Bande befand sich auch innerhalb der Ukrainer-Kompanie des in Burgdorf liegenden Feuerschutzpolizeiregiments. Diese hatten den Auftrag, zu gegebener Zeit die deutschen Polizeibeamten zu entwaffnen. Durch den V-Mann erfuhren wir weiter, dass die Bande noch größere Form annehmen sollte, indem sie ihre Ziele zu Papier brachte und diese Zettel durch russische Mädchen auch in die Nachbardörfer bringen ließen. In einem Dorfe bei Burgdorf fanden jeden Sonntag Zusammenkünfte der Köpfe der Bande statt, wobei auch russische Mädchen anwesend waren. Zur Tarnung ihres Vorhabens mussten die Mädchen tanzen und die Burschen besprachen ihr Vorhaben. Schließlich hatten sich die Russen auf einen bestimmten Tag festgelegt, an dem sie Überfälle auf ihre Arbeitgeber in großem Umfange durchführen wollte. Von diesem Vorhaben setzten wir die Lüneburger Dienststelle in Kenntnis und erhielten bei einer Rücksprache mit Lüneburg von Kriminalrat W. den Auftrag, dem Vorhaben dieser Bande zuvorzukommen und sie festzusetzen. Da es sich voraussichtlich um einen sehr großen Kreis handeln würde, erhielten wir zur Verstärkung die Kameraden H., J. und D, einen Dolmetscher und zwei weibliche Schreibkräfte. Zusammen mit der Ortspolizei und er Gendarmerie nahmen wir dann 24 Stunden vor dem Termin der Russen diese Leute fest. Bei der Durchsuchung der Unterkünfte fanden wir zehn bis zwölf Pistolen, eine große Anzahl gestohlener Fahrräder, Bekleidungsstücke und Wäsche.

Alle Festgenommenen ließen wir nach der Turnhalle in Burgdorf bringen. Es handelte sich im Anfang um ca. 300 Personen. Um den wirklichen Teilnehmerkreis, soweit die Namen nicht einzeln bekannt waren, feststellen zu können, ließen wir alle Häftlinge an einem abgedeckten Fenster vorbeigehen, wobei sie von einem Scheinwerfer angestrahlt wurden.

Der russische V-Mann stand hinter dieser Lasche und sah durch ein Guckloch, wobei er uns jetzt jeden bekannten Beteiligten, bezeichnete. Es blieben ungefähr 70 Personen zurück. Alle anderen wurden noch am gleichen Tage wieder an ihre Arbeitsstelle entlassen.

Für die Unterbringung der Häftlinge wurden Matten und Decken in die Turnhalle gebracht. Zur Bewachung wurden uns uniformierte Polizeibeamte der Feuerschutzpolizei zur Verfügung gestellt. Während der Aktion war ich für die Verpflegung und sonstige Betreuung der Häftlinge verantwortlich. Ich besorgte die erforderlichen Bezugsscheine und kaufte die Lebensmittel ein. Außerdem erreichte ich es, dass es in der Werksküche der Konservenfabrik Burgdorf für die Häftlinge das Mittagessen sowie Getränke zubereitet wurden.

Am ersten Festnahmetage stellte sich heraus, dass die beiden Rädelsführer der Ukrainer-Kompanie z. Zeit in Thüringen in Urlaub weilten.[23] Ich bekam deshalb den Auftrag, zusammen mit einem Offizier der Feuerschutzpolizei, soweit ich erinnere, war es Major. Sch. nach Thüringen zu fahren, um diese beiden Männer zu holen. Von dieser Fahrt kehrten wir am dritten Tage zurück. Inzwischen waren bereits durch die anderen Kameraden Vernehmungen durchgeführt, wobei sich die Hauptbeteiligten schon herausgestellt hatten.

Im Laufe der weiteren Aktion habe ich selbst zwei oder drei Vernehmungen durchgeführt. Alle Vernehmungen wurden in zwei vor der Turnhalle gelegenen Räumen (Schulzimmer) durchgeführt. Ich selbst war mit der Erledigung weiterer Festnahmen in Lehrte und anderen Dörfern des Kreises Burgdorf, sowie mit allen nebenherlaufenden Arbeiten betraut. Verschiedentlich bin ich auch nach Celle gefahren, um die dortige einlaufende Post zu erledigen. Die Vernehmung in Burgdorf wurde in der Hauptsache von K. und D. vorgenommen. Ich habe während der Aktion niemals gesehen, dass Häftlinge geschlagen wurden und ich habe auch niemals gehört, dass das passiert ist. Die Aktion dauerte etwa 14 Tage.

Ich muss noch erwähnen, dass uns während dieser Aktion auch noch andere festgenommene Personen durch Gendarmerie-Beamte in die Turnhalle gebracht wurden, die aber mit dieser laufenden Aktion nichts zu tun hatten. Auch die Vernehmung dieser Personen wurde während dieser 14 Tage mit durchgeführt.

Jeden Morgen, bevor mit den Vernehmungen begonnen wurde, wurden die Häftlinge zu einem kurzen Dauerlauf in der Turnhalle aufgefordert. Dieser Lauf dauerte etwa fünf bis zehn Minuten. Dann konnten die Häftlinge sich wieder hinsetzen. Die Teilnahme

---

[23] Auch ausländische Arbeitskräfte, die in Deutschland dienstverpflichtet waren oder sich freiwillig zur Arbeit gemeldet hatten, hatten Anspruch auf Urlaub. Dies betraf Arbeitskräfte aus West- und Südeuropa. Sie konnten auch für den Urlaub in ihre Heimatländer reisen und bekamen dafür Papiere. Viele kehrten danach nicht mehr nach Deutschland zurück. Ukrainer, die eines der typischen Urlauberheime der NSDAP in Thüringen zur Erholung aufsuchen durften, stellt diese auf eine gleichberechtigte Stufe mit Funktionsträgern deutscher Nationalität.

war freiwillig. Auch Frauen haben daran teilgenommen, was sie zum Teil als Scherz auffassten. Zu dem Dauerlauf wurden die Häftlinge entweder durch mich oder einen anderen Kameraden aufgefordert.

Der eigentliche Leiter der Aktion war Kriminalrat W. Da dieser jedoch nicht täglich in Burgdorf anwesend sein konnte, hatte er mit seiner Vertretung K. beauftragt. Kriminalrat W. ist soweit ich mich erinnere, drei oder vier Male in Burgdorf gewesen. Sonst wurde er an jedem zweiten oder dritten Tag durch schriftliche Zwischenberichte auf dem Laufenden gehalten. Ich selbst habe auch einmal einen solchen Bericht nach Lüneburg gebracht.

Der damalige Leutnant der Schutzpolizei in Burgdorf G., hat, soweit ich erinnere, einige Male die Turnhalle aufgesucht. Ich habe aber nie gesehen, dass er sich an den Vernehmungen beteiligt hat. Als ermittelte Bandenmitglieder kamen nach Abschluss der Aktion ca. 40 Personen nach dem Lager Neuengamme, ein Teil davon Frauen nach Lüneburg. Als die Aktion beendet war, sind K. und ich wieder nach Celle zurückgekehrt. K. war dem Leiter des Außendienstes Lüneburg, Staatspolizeibezirk, für alle dienstlichen Verhandlungen verantwortlich. Ich habe nichts Weiteres hinzuzufügen."[24]

Herbert B., Fischbeck, 28. Januar 1948

Die Feuerschutzpolizei war im NS-Staat seit 1939 die Berufsfeuerwehr. Als technische Polizei war sie Teil des von der SS beherrschten Polizeiapparates, unterstand dem Reichsführer SS und dem Reichsminister des Innern. Die Feuerlöschpolizei hatte ihr Gelände in Burgdorf an der Sorgenser Straße. Im Jahre 1943 war es vor dem Hintergrund der zunehmend schweren Luftangriffe auf Hannover notwendig geworden, Mannschaften und Fahrzeuge näher an den kriegswichtigen Erdölindustrien zu stationieren. Diese befanden sich in Nienhagen, Hänigsen, Altmerdingsen, Dollbergen und Mis-

---

[24]   Public Record Office London. WO 309/249.

burg. Auch verkehrten auf den Eisenbahnstrecken täglich Erdölzüge. Zuvor war die Feuerschutzpolizei Hannover bereits zuständig gewesen für sämtliche Gemeinden innerhalb eines Ringes von 15 Kilometern um die äußere Stadtgrenze Hannovers herum. Sinnvoll war es deshalb, einen Teil der Feuerschutzpolizei außerhalb des von Luftangriffen stark gefährdeten Stadtgebietes in relativer Sicherheit zu stationieren. Das Gelände bestand aus 26 Baracken von erheblicher Größe. Neun Mannschaftsbaracken mit insgesamt 4.781,25 Quadratmetern Fläche, einer Stabsbaracke (242,979), zwei Offiziersbaracken (485,958), einer Sanitätsbaracke (531,25), einer Wirtschaftsbaracke (242,979), einer Appell- und Unterrichtsbaracke sowie einer Halle mit Lagerverwaltung (jeweils (513,198), acht Kraftfahrzeugbaracken mit (4.105,594) sowie zwei Lagerbaracken von jeweils 329,69 Quadratmetern.[25] Das Gelände wurde nach dem Krieg als DP-Camp Ohio für ukrainische Displaced Persons genutzt und stand bis 1950 ausschließlich unter Verwaltung der Alliierten. Das Niedersächsische Wirtschaftsministerium empfahl 1950 nach Auszug der Ukrainer die Nutzung für Gewerbe. Laut Schriftwechsel der Niedersächsischen Heimstätte mit der Stadt Burgdorf vom Oktober 1953 war bald darauf der Bau von sechs Achtfamilienhäusern und 48 Wohnungen im Bereich der Königsberger Straße auf dem früheren Gelände der Feuerschutzpolizei und dem DP-Camp Ohio vorgesehen.[26]

In der Feuerschutzpolizei Hannover dienten auch zu einem erheblichen Teil Ukrainer, ebenso wie in Braunschweig, Kassel und Hamburg. Zunächst waren sie Teil der Schutzmannschaften. In Hannover aber rückten 100 Ukrainer während des dritten Quartals 1944 nach Grundausbildung in den FE-Dienst auf.[27] Über die Einstellung von Ukrainern berichtet der Kommando-Tagesbefehl Nr. 11/44 vom 30. März 1944, der darauf schließen lässt, dass diese 100

---

[25] Hauptstaatsarchiv Hannover. Nds. 500 Acc. 2/73 Nr. 383.
[26] Archiv der Region Hannover/ Neustadt am Rübenberge. L Nr. 6507.
[27] Stadtarchiv Hannover. HR24 Nr. 91. Feuerschutzpolizei Hannover.

Mann dem früheren "Feuerwehr-Regiment 4 Ukraine" angehört hatten, einer mobilen Einheit, die ausschließlich auf dem Gebiet der Ukraine zum Feuerschutz aufgebaut worden war. Mit dem Zurückweichen der Fronten wurden 1943 die mobilen Regimenter aufgelöst und die Ukrainer auf die Spaten der Ordnungspolizei und in erheblichem Umfang den Feuerschutzpolizeien im Gebiet des Altreiches zugewiesen. Aus Sicht der Sowjetunion waren sie damit zu Kollaborateuren geworden.

"Gemäß Erlass des Reichsführers SS und Chefs der Deutschen Polizei werden mit Wirkung vom 20. 3.1944 100 Ukrainer, die bisher der ukrainischen Schutzmannschaft angehört haben, in den FE-Dienst Hannover eingestellt. Sie sind zur Auffüllung der Fehlstellen vorgesehen und werden nach erfolgter Grundausbildung je zur Hälfte der 2. Und 7. FE-Bereitschaft zugeteilt werden. Ihre Unterbringung erfolgt in der Unterkunft der 2. FE-Bereitschaft (Kirchröder Turm) und in der Polizeikaserne am Welfenplatz mit je 50 Mann. Die 7. FE-Bereitschaft stellt geeignete Unterführer in entsprechendem Umfang für die Ausbildung der Ukrainer ab, die während dieser Zeit ebenfalls in der Polizeikaserne am Welfenplatz untergebracht und verpflegt werden. Für die Ausbildung benötigte Löschfahrzeuge sind ebenfalls am Welfenplatz oder der Nähe in zweckentsprechender Weise unterzubringen. Die Ausbildung der für die 2. Bereitschaft vorgesehenen Ukrainer erfolgt in der Unterkunft Kirchröder Turm.
Hinsichtlich der Ausbildung des Unterstellungsverhältnisses und der Einstellung der deutschen Angehörigen des FE-Dienstes gegenüber den Ukrainern ist der Erlass des RFSSuChdDtPol vom 15. März 1944 maßgebend, der den Führern der FE-Abteilung 1 und 3 sowie 2 und der 7. Bereitschaft inzwischen zugegangen ist. Ich erwarte, dass jeder Angehörige des FE-Dienstes im Verkehr mit den Ukrainern die richtige Einstellung findet, wobei zu beachten ist, dass sie einerseits Angehörige der Ostvölker sind, andererseits aber zum größten Teil auf deutscher Seite gegen den Bolschewismus gekämpft haben."

Der Kommando-Tagesbefehl Nr. 16/44, Hannover vom 31. Mai 1944, berichtet von einer Gleichstellung der Ukrainer zu den regulären deutschen Kräften in der FE-Bereitschaft.

Die seit 2 Monaten durchgeführte Grundausbildung der 100 Ukrainer ist nunmehr abgeschlossen, so dass sie mit dem 1. 6. 1944 endgültig in die 2. und 7. FE-Bereitschaft übernommen werden können. Hierdurch wird es möglich, die bisher im FE-Dienst vorhandenen Fehlstellen aufzufüllen, was allerdings nicht ohne Versetzungen bzw. Abordnungen von aktiven Angehörigen der Feuerschutzpolizei und Angehörigen der LS-Polizei möglich ist.

Beim Luftangriff auf Hannover am 15.6.1944 fiel in treuer Pflichterfüllung und Ausübung seines Dienstes der Hauptwachtmeister FSchP. Robert Dorn. Dem gleichen Luftangriff fiel der zur 2. FE-Bereitschaft gehörige Ukrainer Iwan Djomin zum Opfer. Außerdem wurden die Ukrainer Serge Beidala und Andre Boroditsch schwer verwundet. Damit haben die aus der ukrainischen Schutzmannschaft übernommenen und im Kampfe gegen den Bolschewismus bewährten Männer das abgegebene Treuegelöbnis mit dem Blute besiegelt und die Notwendigkeit des gemeinsamen Abwehrkampfes der europäischen Völker erneut unter Beweis gestellt."

Der Kommando-Tagesbefehl 20/1944 regelte die Beisetzungsfeier und die Feuerschutzpolizei Hannover ist schon vor dem Hintergrund der hohen Zahl an Ukrainern im Dienst daran gelegen, die beiden Männer auch gleichberechtigt in einer gemeinsamen Zeremonie zu begraben: Die Beerdigung von Dorn und Djomin fand am 20. Juni 1944 um 11 Uhr auf dem Seelhorster Friedhof statt unter Teilnahme von 30 Mann Feuerschutzpolizei, den LS-Angehörigen der 2. Bereitschaft sowie der Schutzmannschaft der 2. Bereitschaft. In Hannover verloren die drei Ukrainer Jademenko, Pidoschowku und Temonochud beim Luftangriff vom 29. November 1944 ihr Leben im Dienst der 2. FE-Bereitschaft. In Burgdorf scheint ein Ukrainer im FE-Dienst der Führer von neun ukrainischen Schutzmännern gewesen zu sein.

In Hamburg stellten im Februar 1945 die Ukrainer 25 Prozent des gesamten Feuerschutzpersonals. In Kassel dienten 140 Ukrainer. In Braunschweig waren neben 81 Deutschen im FE-Dienst und 205 Ergänzungskräften 75 Ukrainer eingestellt worden.[28] Diese Dimension macht deutlich, dass den Ukrainern Vertrauen entgegengebracht wurde, zumal dies auch ein Bereich war, in dem Schusswaffen getragen wurden.

Die Feuerschutzpolizei war bewaffnet. In Hannover regelte Kommando-Tagesbefehl 25/44 vom 3. August 1944 das Tragen von Waffen im Dienst: "Das Tragen der Pistole am Leibriemen zur Uniform ist lediglich den Offizieren und Bezirks-Offizieren sowie den Führern der LS-Polizei vom Zugführer an aufwärts gestattet." Hintergrund sei der allgemeine Mangel an Schusswaffen. Mehrfach wurde der Befehl ausgegeben, im Dienst beschwichtigend auf die Bevölkerung zuzugehen und die allgemeine Lage nicht zu dramatisieren. Nach Luftangriffen und Zerstörungen sollte die Feuerschutzpolizei die Begriffe Katastrophenschutz und Katastrophe auf keinen Fall gegenüber Bürgern verwenden. Vielmehr sollte von Soforthilfe oder Notfallhilfe gesprochen werden.[29]

3.5. Aussage des Zeugen Otto G. aus Burgdorf

Protokoll aufgenommen in Burgdorf am 17. Dezember 1947. Zitat aus der Nachtragsanklage zum Schwurgerichtsverfahren:

"Der damalige Polizeiwachtmeister G. hatte mit den Vernehmungen selbst nichts zu tun, er war jedoch mehrfach dienstlich dort und hat nach Aussage dabei selbst gesehen, wie sowohl K. als auch

---

[28]   Andreas Linhardt. Feuerwehr im Luftschutz 1926 bis 1945. Die Umstrukturierung des öffentlichen Feuerlöschwesens in Deutschland unter Gesichtspunkten des zivilen Luftschutzes. Braunschweig 2002.

[29]   Stadtarchiv Hannover. HR 24. Nr. 91.

B. die Häftlinge abwechselnd mit einer Peitsche schlugen, nachdem sie sich über einen Tisch gelegt hatten."

"Ich sage folgendes unter Eid aus: Ich heiße Otto G., bin deutscher Staatsangehörigkeit, geboren am 14. Februar 1897 in Itzehoe/Holstein und von Beruf Schichtführer. Ich kam nach Burgdorf als Polizeimeister am 1. März 1939 und blieb als Polizeibeamter bis zum 5. Mai 1945. Am1. Januar 1943 wurde ich befördert zum Polizei-Revierleutnant, war also Chef der Schutzpolizei Burgdorf bis zu meiner Entlassung.

Der Gebäudekomplex des früheren Burgdorfer Elektrizitätswerkes mit Nebengebäuden, in denen sich Schulräume und die Turnhalle befanden. Diese Häuser wurden in den 60er Jahren abgerissen. © Stadt Burgdorf, Abteilung Tiefbau um 1955.

Im Sommer 1944, die genaue Zeit kann ich nicht mehr angeben, wurde von der Geheimen Staatspolizei der Dienststelle Celle, in Burgdorf in der Turnhalle des Elektrizitätswerkes, Hinterstrasse, eine Aktion gegen eine größere Anzahl ausländischer Zwangsarbeiter durchgeführt. Geleitet wurde diese Aktion durch die Gestapobeamten Kriminalsekretär K. und Kriminalassistent B., welche beide ich dienstlich kannte. Weitere Kriminalbeamte, zur Hauptsache aus der Stadt des K.D.F.-Wagens[30], waren von Zeit zu Zeit in Burgdorf anwesend und mit tätig. Diese kannte ich aber nicht, und wusste auch nicht ihre Namen. Ein oder zwei Mal während der Aktion kam auch Kriminalrat W., welchen ich auch durch den Dienst kannte, aus seiner Dienststelle in Lüneburg nach Burgdorf.

Der Gestapobeamte K. kam zuerst zu mir und ich musste mit ihm die Turnhalle besichtigen gehen, um zu sehen, ob sie für seine Zwecke geeignet war. Später erfuhr ich folgendes: Die Ausländer, meist Russen, aber auch polnische Staatsangehörige, wurden beschuldigt, in Burgdorf und zur Hauptsache in der Umgebung von Burgdorf, eine Widerstandsbewegung organisiert zu haben. In Burgdorf waren es einige Angehörige der Feuerschutzpolizei (Ukrainer-Kompanie) und nur einzelne Arbeiter. Soweit mir bekannt geworden ist, hatte die Widerstandsbewegung vor, zu einer bestimmten Zeit Militär- und Polizeidienststellen zu überfallen, sich in den Besitz von Waffen zu bringen und dann einen Putsch durchzuführen.

Ungefähr zwei Tage nach der Besichtigung der Turnhalle wurde die schon erwähnte Aktion begonnen. Mir wurde befohlen, meine Polizeibeamten rauszuschicken, um die Ausländer einzusammeln.

---

[30] Stadt des Kraft-durch-Freude-Wagens. Offizieller Name der auf dem Reißbrett neu geplanten Stadt zum Bau des Volkswagenwerkes, für die als Standort der mittlere Streckenabschnitt der neu ausgewiesenen Reichsstraße 188 zwischen Hannover und Berlin in der Nähe des Mittellandkanals ausgewählt worden war. Seit Kriegsende heißt die Stadt Wolfsburg, benannt nach dem gleichnamigen Schloss. Die Reichsstraße 188 ist heute noch immer als B188 ausgewiesen.

Nach einem Tage aber wurde diese Arbeit von anderen von der Gestapo abgeordneten Beamten durchgeführt.

Die Ausländer wurden in der Turnhalle versammelt und die Vernehmung dieser begann. Die Vernehmung selber fand in einem daneben liegenden Zimmer statt. Ich musste mehrere Male dienstlich während dieser Zeit zu der Turnhalle gehen und sah dort mit eigenen Augen, wie die Gestapo-Beamten K. und B. die Häftlinge schlugen. Sie wurden in der Turnhalle über einen Tisch gelegt und wurden mal von K. und mal von B. mit einer Peitsche auf das Gesäß geschlagen, wobei sie laut aufschrien.

Einmal habe ich gesehen, dass sich auch der damalige Meister[31], jetzt Revierleutnant der Schutzpolizei M. sich hieran beteiligte. Er schlug in meiner Gegenwart einen Polen, welchen ich erkannte als "Franz", welcher bei dem Altwarenhändler S. in Burgdorf in Arbeit war. Ein paar Male sah ich, wie die Häftlinge in der Turnhalle, wie von einem der Gestapobeamten befohlen wurde, im Trab um die Halle zu laufen. Es waren auch Frauen dabei, welche mitlaufen mussten. Wenn ein Häftling nicht schnell genug lief, wurde er von den Beamten gestoßen und geschlagen.

Diese Vernehmungen dauerten, soweit es mir in Erinnerung ist, mehrere Wochen. Was aus den Ausländern, die von der Gestapo verhaftet und mitgenommen wurden, wurde, ist mir bekannt. Mehrere männliche Personen wurden abtransportiert, angeblich nach Neuengamme, auch wurden mehrere wieder entlassen. Von den Mädchen waren manche noch mehrere Wochen im Polizeigefängnis in Burgdorf und kamen dann später in ein Lager.

Als ich einmal in der Turnhalle war, erinnere ich mich an eine Anzahl Menschen auf dem Boden liegend gesehen zu haben, und hörte von diesen Stöhnen und Jammern."

Otto G.

---

[31] Der Rang "Meister der Feuerschutzpolizei" entsprach dem des Brandmeisters.

3.6. Aussage des Zeugen Wilhelm S.

Protokoll aufgenommen am 18. Dezember 1947 in Burgdorf.

"Ich sage folgendes unter Eid aus: Ich heiße Wilhelm S., bin männlich und von deutscher Staatsangehörigkeit, geboren am 10. August 1878 in Burgdamm bei Bremen. Ich bin evangelisch-lutherisch, und von Beruf Ingenieur Betriebsleiter. Ich wohne seit 1919 im Elektrizitätswerk Burgdorf, und war von 1919 bis 1945 dort als Betriebsleiter tätig.

Die Stadtwerke haben im Werksgebäude eine Turnhalle (9x16 Meter), welche während des Krieges als Turnhalle für die Hitlerjugend benutzt wurde.

Es war im Sommer 1944, als der damalige Polizei-Leutnant G. zu mir kam, begleitet von zwei Herren, welche sich als K. und B. vorstellten, um die Turnhalle zu besichtigen. Später erfuhr ich, dass diese beiden Herren Gestapo-Beamte von der Dienststelle Celle waren. Ich bekam den Auftrag, die Turnhalle zu einer Vernehmung herzurichten, Bänke hinzustellen, und eine Lampe anzubringen.

Einige Tage später kamen vier Beamte, darunter sah ich K. und B., und zur selben Zeit trafen ungefähr 20 der ausländischen Arbeiter, welche im Kreise Burgdorf tätig waren, bei der Turnhalle ein. Es waren zur Hauptsache Polen und Ukrainer der Feuerschutzpolizei. Einen Tag musste ich die Turnhalle betreten, um eine elektrische Reparatur vorzunehmen, da zurzeit keine meiner Leute da waren. Der Sicherungskasten war in eine Ecke, und um ihn zu erreichen, musste ich mich durch einen Haufen Menschen, die völlig apathisch da lagen hindurch schlängeln. Zu dieser Zeit, da kein Licht war, fanden aber scheinbar keine Vernehmungen oder Schlägereien statt. Ich sah vereinzelte Male den M. später Polizeileutnant, den ich kannte, zu der Turnhalle kommen, aber ich weiß nicht, ob er sich irgendwie an den Vernehmungen beteiligte. Ein anderer, ständiger Besucher zu dieser Aktion war ein gewisser N., welchen ich als Angestellten der NSDAP in Burgdorf kannte. Auch von ihm weiß ich aber nicht, ob er sich irgendwie beteiligte. Später wurden auch ausländische Mädchen, die als Arbeiterinnen aus dem Osten in Burgdorf tätig waren, zu Vernehmungen in der Turnhalle vorgeführt. Ich sah diese Mädchen ungefähr acht Tage lang kommen.

Die ganze Aktion hat ungefähr drei Wochen gedauert, die letzten zwei Wochen waren mit täglichem lauten Geschrei begleitet. Es müssen so ungefähr 300 Personen hier vernommen worden sein. Der offensichtliche Leiter der Aktion war K., und dieser telefonierte öfters, zuerst in meiner Wohnung, später aber von meinem Büro, und ich hörte, dass sein Gespräch nach Lüneburg ging und dass er mit einem Kriminalrat sprach. Wie dieser hieß, ist mir nicht mehr in Erinnerung. Ich hörte, dass K. diesem berichtete, wie die Aktion weiter vor sich ging, und einmal hörte ich, dass er sich äußerte, dass die Leute gut aussagten."

Wilhelm S.

Die Gestapo-Leitstelle Lüneburg ließ insgesamt 16 junge polnische Männer zwischen Dezember 1940 und November 1944 öffentlich ohne juristisches Verfahren im Gebiet des Regierungsbezirkes hinrichten.[32] Der Leiter August W. soll bei allen Hinrichtungen vor Ort gewesen. In aller Regel wurde ein Waldstück in der Nähe des Arbeitsortes des Betroffenen ausgesucht und ein mobiler Galgen bereitgestellt. Entweder war der Vorwurf des Verhältnisses zu einer deutschen Frau oder der Vorwurf eines tätlichen Angriffs oder einer Auseinandersetzung mit dem Arbeitgeber erhoben worden. Veranlasst waren die Aktionen bisweilen von den Ortsgruppenleitern oder der örtlichen NSDAP. Zumeist hatten die Aktionen den Charakter einer Schauhinrichtung, wobei meist sämtliche vor Ort arbeitende polnische Arbeitskräfte zuschauen mussten. Für sie wurde das Urteil dann in Landessprache verlesen. Ein Arzt des

---

[32] Nils Köhler. Zwangsarbeit in der Lüneburger Heide. 2. Auflage Bielefeld 2004. Seite 379.

Konzentrationslagers Neuengamme stellte in der aller Regel den Tod fest. Obligatorisch war hinterher das Mittagessen für Parteileute und Gäste. Auch war es üblich dazu im Vorfeld Einladungen zu erlassen. August W. war ebenso wie Hermann K. und Herbert B. 1947 von den britischen Ermittlern wegen Verbrechen gegen die Menschlichkeit beschuldigt worden. Misshandlungen konnten ihm nicht nachgesagt werden. Jedoch sollte er für die Exekution der zwei polnischen Männer in Höfer (Kreis Celle) und Röhrse (Kreis Burgdorf) verantwortlich gemacht werden. Doch sah man keine Chance, ihn oder die beiden anderen wegen der Hinrichtungen zu belangen.[33]

3.7. Bericht des Zeugen D. - Polizei-Wachtmeister und Ermittlungsbeamter im Pol.-Landkreis Burgdorf

Aufgezeichnet am 15. Dezember 1947 in Burgdorf

"Auszugsweise Abschriften aus meinen Berichten:

1. Meine weiteren Ermittlungen haben ergeben, dass für die in der Gemeinde Uetze/ Kreis Burgdorf erhängten Polen die obengenannte Person (K., Richard, geb. am 22.1.92 in Altkessel/ Kreis Grünberg, wohnhaft in Hänigsen/ Kreis Burgdorf nicht als verantwortlich zu betrachten ist.

Sie Sache liegt vielmehr so: Die fraglichen drei Polen, von denen zwei im Februar 1943 und einer im April 1943 aufgehängt wurden, sind über den zuständigen Polizeiposten der Gestapo in Celle ausgeliefert worden.[34] Die Anordnung zur Erhängung dieser ausländischen Arbeitskräfte ist durch das Reichssicherheitshauptamt Berlin getroffen worden. Weiter wurde veranlasst, dass bei diesen Hin-

---

[33] Public Record Office. WO 309/1180.

[34] An anderer Stelle wird der Zeitpunkt der ersten Hinrichtung in Uetze mit Dezember 1942 angegeben, der Zeitpunkt der weiteren Exekutionen in Uetze mit Januar 1943. Der Widerspruch ergibt sich aus der Tatsache, dass die Ermittlungen ausschließlich auf Befragungen basierten. Hauptstaatsarchiv Hannover. Nds. 721 Lün. Acc 153/82 Nr. 284.

richtungen eine größere Anzahl polnischer Staatsbürger als Zuschauer zu erscheinen hatte. Ich habe weiter in Erfahrung gebracht, dass der ehemalige stellvertretende Kreisleiter K. diesen Handlungen als Gast beigewohnt hat. Dies ist ein Beweis dafür, dass K. Kenntnis hatte, dass die in Ihrem Schreiben angeführten Organisationen für Begehung von verbrecherischen Handlungen benutzt wurden. Herr K. wird dieses meines Erachtens nicht abstreiten. Im Anschluss an die Erhängung der zwei Polen im Februar 1943 ist mit der Gestapo eine wüste Orgie gefeiert worden. Ob K. hieran teilgenommen hat, muss in Frage gestellt werden, die Vermutung liegt jedoch nahe.

2. Ich habe in diesem Zusammenhang den Landwirt in Uetze aufgesucht und mir von diesem berichten lassen, das bei ihm ein Pole beschäftigt gewesen ist. Dieser Pole verrichtete bei (dem Landwirt)[35] Feldarbeit und wurde eines Tages aufgefordert, auf dem Acker den Mantel bei der Arbeit auszuziehen. Dieser Aufforderung ist der Pole nicht nachgekommen, sondern schlug mit der Mistgabel auf (den Landwirt) ein. Aufgrund dieses Vorfalles ist die Ehefrau zum damaligen Ortsbauernführer gegangen und hat diesen gebeten, einen Austausch der Arbeitskräfte vorzunehmen. Der Bauernführer lehnte dieses jedoch ab und bemerkte, dass die Sache bei dem Gendarm gemeldet werden müsse. Die Ehefrau verständigte (den Gendarm) fernmündlich von dem Vorgefallenen, so dass dieser noch am gleichen Tage erschien und fraglichen Polen festnahm. Weitere Angaben kann (der Landwirt) zu dieser Sache nicht machen. (Der Landwirt) ist seit dem 4.12.46 aus der Internierungshaft entlassen. Die Entlassung erfolgte aus dem Internierungslager Dachau, wo er auch zur Sache vernommen worden ist. Später ist (dem Landwirt) bekannt geworden, dass unter den er-

---

[35] Diese Quelle ist gekürzt um die Namen, der im Text genannten Personen, da ihnen keine Mitschuld nachgewiesen werden konnte und sie auch keine Personen der Zeitgeschichte sind. Der Name des erwähnten Bauern wird hier durch den Platzhalter "Der Landwirt" in Klammern ersetzt. Public Record Office London. WO 309/1249.

hängten Polen die bei ihm beschäftigt gewesene Arbeitskraft gewesen sein soll. Bemerkung: Der ehemalige Gendarm ist im Internierungslager Bergedorf inhaftiert. Der Vorgang ist beim öffentlichen Ankläger beim Spruchgericht Bergedorf bekannt. Die Orgie, welche in Uetze nach der Erhängung der zwei Polen stattfand, wurde in der Gastwirtschaft Borcholt in Uetze gefeiert. Zur Erhängung von Polen in Uetze könnte noch der ehemalige Kreisführer der Gendarmerie, der ehemalige Bezirks-Oberleutnant der Polizei, wohnhaft in Burgdorf gehört werden.

Die frühere Hinterstraße, in der sich einst das Elektrizitätswerk befand, bildete den westlichen Abschnitt der heutigen Schmiedestraße. Der hier abgebildete Bereich zwischen Willersgasse und Neue Torstraße war während der Gestapo-Aktion im Sommer 1944 abgesperrt. Das Gelände mit der Turnhalle ist heute modern überbaut. © Ralf Bierod

Durch mich getroffene Feststellungen in Sache Misshandlungen von Fremdarbeitern in der Turnhalle in Burgdorf:
Die Hinterstraße, in der die Turnhalle liegt, war von Ecke Neue-Tor-Straße bis Ecke Willersgasse gesperrt, so dass niemand an die

Turnhalle herankommen konnte. Die Feuerlöschpolizei, welche in Burgdorf stationiert war, hat mit ihren Fahrzeugen die Fremdarbeiter herangeholt. Die Fremdarbeiter, die beabsichtigt hatten, irgendwelche Attentate zu verüben, wurden in der Turnhalle verhört. In diesem Zusammenhang hatten sie sogenannte Kettenbriefe in Umlauf gebracht, welche jedoch abgeschnappt worden sind. Während dieser von der Gestapo durchgeführten Vernehmungen wurden die Fremdarbeiter körperlich schwer misshandelt. Man teilte die Fremdarbeiter in verschiedene Gruppen ein und zwar je nach Schwere der ihnen zur Last gelegten einzelnen Handlungen. Diese Aktion dauerte etwa acht bis zehn Tage, kann aber auch noch einige Tage länger gedauert haben. In der Nachbarschaft soll man das Schreien der körperlich misshandelten gehört haben. Die leitenden Gestapo-Beamten sollen K. und B., beide aus Celle gewesen sein. Diese beiden Gestapo-Beamten sollen auch die Sache Erhängung von Polen in Uetze bearbeitet haben."

D. Polizei-Wachtmeister, Burgdorf 15. Dezember 1947.[36]

In das hier erwähnte Internierungslager Dachau nahmen die Amerikaner nach dem Kriegsende 1945 "vorbeugend" sämtliche Personen in Haft, die während der NS-Zeit eine führende Funktion in einer der Organisationen der NSDAP ausgeübt hatten, so in diesem Falle in Uetze auch den örtlichen Gendarm. Bis zum Jahresende 1945 waren 117.512 Personen festgenommen worden.[37] Man nannte dies auch "Automatischer Arrest". Diese Verhaftungen, mit denen die Amerikaner eine Reorganisation der Nationalsozialisten hatten verhindern wollen, orientierten sich nicht an individueller Schuld. So geriet das Vorgehen später unter Kritik und wurde mit der Schutzhaft der Gestapo verglichen. Identisch mit Dachau war das Internierungslager Bergedorf unter britischer Führung im

---

[36] Public Record Office. WO 309/1249.
[37] Gabriele Hammermann. Das Internierungslager Dachau 1945-1948. Zwischen Befreiung und Verdrängung. In: Dachauer Hefte. Band 19. Dachau 2003. Seite 55-69.

früheren KZ Neuengamme. Hier wurden neben Personen im "Automatischen Arrest" auch Angehörige der Waffen-SS in Haft genommen. Dazu gehörten auch ausländische Angehörige der SS. Das Internierungslager Bergedorf wurde im August 1948 aufgelöst. Umstritten war das britische Internierungslager in Bad Nenndorf, das im Juli 1947 nach Gewaltexzessen und Misshandlungen von den Briten selbst geschlossen wurde. Im Frühjahr 1948 erfolgte in London ein Prozess gegen die Verantwortlichen des Lagers.[38]

---

[38] Utz Anhalt. Das verbotene Dorf. Das Verhörzentrum Wincklerbad der britischen Besatzungsmacht in Bad Nenndorf 1945-1947. Hannover 2010.

Erhängung des polnischen Zwangsarbeiters Julian Majka am 18. April 1941 in Michelsneukirchen. Charlie Hollenbeck, US-Soldat der 90. Infanteriedivision fand die fünf Aufnahmen nach der Befreiung des Konzentrationslagers Flossenbürg in einem Gebäude der SS. Die 16 Exekutionen von polnischen Männern im Bezirk der Gestapo Lüneburg erfolgten nach dem gleichen Ablauf. © KZ-Gedenkstätte Flossenbürg.

Wie auf dieser Aufnahme zu sehen, mussten die am Ort tätigen polnischen Arbeitskräfte an der Hinrichtungsstätte erscheinen und den Lynchmord mit ansehen. © KZ-Gedenkstätte Flossenbürg

Julian Majka wurde wegen seiner Beziehung zu einer deutschen Frau ohne Gerichtsverfahren hingerichtet. © KZ-Gedenkstätte Flossenbürg

Im Landkreis Burgdorf waren im Sommer 1945 zahlreiche deutsche Staatsbürger verhaftet worden, weil ihnen Misshandlungen gegenüber ausländischen Zwangsarbeitern vorgeworfen worden waren. Dazu zählten auch der Bergwerksdirektor des Bergwerks Bergmannssegen der Wintershall AG in Lehrte sowie der Führer des Ausländerlagers der Wintershall AG. Deren gemeinsamer Rechtsanwalt Dr. Holste aus Celle benannte im August 1945 vier polnische Bürger als Entlastungszeugen und bat in dieser Angelegenheit Oberleutnant Stanislay Choynacki, Verantwortlicher bei der Polnischen Lagerkommandantur in Celle, sicherzustellen, dass der polnische Gerichtsoffizier die eidesstattlichen Versicherungen bei den benannten Zeugen einholt. Damit sollten die Vorwürfe der zwei polnischen Arbeiter, die die Klage vorgetragen hatten, widerlegt werden. Dieser Schriftwechsel ist überliefert und er gibt einen Einblick in das Lagerleben:

"Sehr geehrter Herr Oberleutnant! Außer dem in meinem Schreiben vom 1. August erwähnten Bergwerksdirektor ist auch der Führer des Ausländerlagers der Firma Wintershall AG Bergmannssegen in Lehrte unter der Beschuldigung verhaftet worden, ausländische Arbeiter geschlagen zu haben. Es ist jedoch von der übergroßen Mehrzahl der früheren polnischen Insassen des Lagers immer wieder versichert worden, dass sie sich in dem Lager wohl fühlten, und dankbar anerkannt worden, dass sie freundlich und gerecht von H. behandelt wurden. Trotz der gegenseitigen Anweisungen der zuständigen Regierungsstellen hat es H. zugelassen, dass im Lager eine Theatergruppe, sowie eine Musikkapelle, in denen nur Polen mitwirkten, Veranstaltungen gaben. H. wollte auf diese Weise den Polen den Aufenthalt im Lager so angenehm wie möglich gestalten. Er hat auch trotz des bestehenden Reise- und Urlaubsverbots einer Anzahl von Polen Bescheinigungen ausgestellt, um ihnen dadurch zu ermöglichen, ihre in Deutschland beschäftigten Familienangehörigen zu besuchen. Er hat auch stillschweigend geduldet, dass diese Polen dann einige Nächte nicht im Lager waren. Von den zuständigen Regierungsstellen ist er deshalb ernstlich verwarnt worden."

Anwalt Holste benannte nun die Namen von vier polnischen Männern aus dem Lager Trumann in der Iltener Straße von Lehrte.

"Die vorstehend aufgeführten polnischen Staatsangehörigen können ebenfalls bekunden, dass sie und die anderen Polen des Lagers auch von Bergwerksdirektor T. stets freundlich und gerecht behandelt wurden. Die Zeugen waren bereit, entsprechende eidesstattliche Versicherungen über ihre Behandlung durch Lagerführer H. und Bergwerksdirektor T. abzugeben. Sie sind aber daran durch Drohungen einzelner ihrer Landsleute gehindert worden. Die Erklärungen dieser Zeugen sind zur Klarstellung des wirklichen Sachverhalts dringend erforderlich. Es besteht die Gefahr, dass die Zeugen später nicht mehr zu einem etwaigen Verhandlungstermin geladen werden können, weil sie unter Umständen demnächst nach Polen zurückkehren."

In einem weiteren Schreiben vom 10. August 1945 an Oberleutnant Stanislay Choynacki benannte Dr. Holste einen fünften Zeugen und führte dazu aus:

"Insbesondere kann er bezeugen, dass ihm öfters Bescheinigungen ausgestellt worden sind, damit er mit dem Fahrrad nach Burgdorf fahren konnte, um seine Freundin zu besuchen, oder damit er abends länger ausbleiben konnte, um seine Freundin zum Bahnhof zu bringen. Die Bescheinigungen sind ausgestellt worden, obwohl dies von den zuständigen Regierungsstellen verboten war." [39]

Vom Militärgericht in Celle wurde Bergwerksdirektor T. am 12. Dezember 1945 freigesprochen. Der Lagerführer H. wurde vom

---

[39]   Public Record Office. HO/ 534/348.

Militärgericht in Celle am 26. Januar 1946 zu einem Tag Haft verurteilt.

Im Gerichtsgefängnis Celle, im Celler Zuchthaus und auch in Hinrichtungsstätten brach der Betrieb mit dem Kriegsende freilich nicht ab. Deutsche Gerichte sprachen in der britischen Zone 38 Todesurteile gegen Deutsche aus, von denen 14 vollstreckt wurden. Nach Plünderungen und Diebstählen waren auch nach der Befreiung im Landkreis Burgdorf Ausländer zur Fahndung ausgeschrieben.[40] In Hänigsen hatten unmittelbar nach dem Einmarsch der Amerikaner Ukrainer den Dorf-Gendarm erschossen, aus Rache, weil dieser regelmäßig junge Ukrainerinnen misshandelt haben sollte. Im Zuchthaus Hameln ließen die Briten 42 Ausländer, zumeist Russen und Polen hinrichten, den letzten am 6. Dezember 1949. Der nur 22 Jahre alte Jerzy Andziak aus Polen, der schon als 15jähriger Zwangsarbeit im Steinbruch sowie im Raketenbau in Nordhausen geleistet hatte und zuletzt im Konzentrationslager Bergen-Belsen inhaftiert gewesen war, war im Kreis Uelzen mit Kumpanen in Bauernhöfe eingebrochen und erschoss einen Polizisten, der die Diebe hatte stellen wollen. Obwohl das Grundgesetz der jungen Bundesrepublik bereits in Kraft war, galt es nicht für Displaced Persons. Für diese blieben weiterhin die Briten zuständig. Für Jerzy Andziak wurde der Henker noch einmal aus London nach Hameln eingeflogen.[41] An 20 Hinrichtungstagen hatte er insgesamt rund 200 Menschen exekutiert, die meisten deutsche Kriegsverbrecher, KZ-Ärzte und auch Personal aus dem Konzentrationslager Bergen-Belsen wie Irma Grese und Josef Kramer. So starben Täter und Opfer des NS-Staates unter demselben Henker Albert Pierrepoint, was auch Beleg ist für die Absurdität und Verirrung, der die britische Besatzungspolitik bisweilen unterlag.

---

[40]   Archiv der Region Hannover. L 2706.
[41]   Simon Benne. Vor 60 Jahren fand Niedersachsens letzte Hinrichtung statt. In: HAZ, 2. Februar 2009.

3.8. Aussage des Zeugen und früheren Stapo-Beamten Wilhelm J.

Die Aussage unter Eid von Wilhelm J. aus Soltau, geboren am 19. Juni 1906 in Varel, NSDAP-Mitglied seit 1933, als Kriminalbeamter bei der Stapo Lüneburg seit 1938, gab 1950 in der Beweisführung vor dem Schwurgericht Lüneburg den Ausschlag. Aus seiner Befragung schloss das Gericht, dass Hermann K. die Ukrainer und Polen in der Turnhalle von Burgdorf bei mindestens vier Gelegenheiten mit Peitsche oder Gummiknüppel geschlagen hatte.

J. war zur Verstärkung der Celler Stapo-Beamten nach Burgdorf beordert worden. Der "Meister der Schutzpolizei Burgdorf Sp."[42] habe ihn als Dolmetscher dort begleitet. In einem "Ausländerlager der Eisenbahn in der Nähe von Burgdorf", den Ortsnamen erinnerte J. nicht mehr, habe er mit Hermann K. und Herbert B. die Razzia durchgeführt.

"K. fand in einem Spind eine 08-Pistole. Ich selbst war zu dieser Zeit im Nebenraum. Hierauf wurden sämtliche russischen Zivilarbeiter, die im Lager wohnten, höchstens zehn Personen mit dem LKW der Feuerschutzpolizei nach Burgdorf gebracht. Ich wurde von K. als Verbindungsmann zur Feuerschutzpolizei abkommandiert. Wie bekannt geworden, sollten auch Ukrainer der Feuerschutzpolizei der Widerstandsbewegung angehören. Bei den Vernehmungen im Lager der Feuerschutzpolizei wurde ein Ukrainer, der angeblich hauptsächlich die Waffen für die Widerstandsbewegung stehlen sollte, von dem Hauptwachtmeister, an dessen Namen ich mich nicht erinnern kann, der Feuerschutzpolizei in meiner Gegenwart zwei- oder dreimal mit dem Stock auf das Gesäß geschlagen. Zwecks Überführung verdächtiger Ausländer, die eine Zugehörigkeit zur Widerstandsbewegung abstritten, wurden die Verdächtigen zur Identifizierung vor einen Scheinwerfer gestellt,

---

[42] Der Rang Meister bei der Feuerschutzpolizei entsprach dem des Brandmeisters.

wobei die V-Person durch einen Schlitz im Nebenzimmer den Betreffenden ansah und erklärte, ob dieser Angehöriger der Widerstandsbewegung sei oder nicht. Dieses wurde hauptsächlich in den ersten Vernehmungstagen durchgeführt.

Kurz nach meiner Rückbeorderung zur Turnhalle bekam ich von K. den Auftrag, einen Transport bereits überführter Personen mit einem Kommando der Feuerschutzpolizei in das KZ Neuengamme zu überführen. Nach vier Tagen kam ich nach Burgdorf zurück."

Das Gericht hielt fest, dass der Zeuge J. nicht eindeutig bezeugen konnte, ob die als Kalfaktorin tätige Russin, die in dringendem Verdacht gestanden hatte, Botendienste der Widerständler zu leisten, mit Gewalt in das Wasserfass getaucht worden war, oder ob sie sich freiwillig hatte Kühlung verschaffen wollen.

"Der Zeuge J. hat auf ausdrückliche Anordnung des Angeklagten, einen russischen Häftling mit einem Stock auf das Gesäß geschlagen."

K. habe im Beisein anderer Häftlinge zahlreiche Schläge auf das entblößte Gesäß eines Häftlings gegeben. Er habe in einer weiteren Situation fünf Häftlinge in der Turnhalle über einen Tisch legen und jeweils fünf bis sechs Schläge mit Stock oder Peitsche auf das Gesäß verabfolgt. Dass dies zum Zwecke der Aussageerpressung geschehen war, habe die Hauptverhandlung nicht ergeben. Fünf weitere Häftlinge seien nach Aussage des Zeugen J. nach einem Fluchtversuch in gleicher Weise über den Tisch gelegt und vom angeklagten Hermann K. geschlagen worden.

4. Bewertung und Einordnung

Die in den letzten 30 Jahren sehr umfangreich betriebene Forschung zur Zwangsarbeit von zivilen Ausländern rückte den Ar-
beits- und Lageralltag unter rigiden Richtlinien in den Mittelpunkt
und ließ den Einfluss und die Überwachungstätigkeit der politischen Polizei bei der Beschäftigung von Ausländern und über die
Kriegswirtschaft insgesamt in den Hintergrund treten. Die wichtigsten wissenschaftlichen Arbeiten zur Willkürjustiz der Gestapo
waren von den 50er Jahren an bereits erschienen. Politische Polizei
und die Justiz konkurrierten um Einfluss, besonders nachdem
Heinrich Himmler das Reichssicherheitshauptamt zu Beginn des
Zweiten Weltkriegs mit immer mehr Kompetenzen ausgestattet
hatte. Mit den "Polen- und Ostarbeitererlassen" wurde die Grundlage für rechtsfreie Lynchaktionen auch auf dem Gebiet des Altreiches geschaffen, fernab von Staatsanwaltschaft und Gericht. Doch
auch für die deutsche Bevölkerung und Ausländer aus Westeuropa
entwickelte sich der Willkürapparat immer mehr zur Bedrohung.
Die Statistik des Reichjustizministeriums weist für die Jahre von
1938 bis August 1944 11.733 bestätigte Todesurteile für das Reichsgebiet aus. Der Volksgerichtshof sprach allein 1942 1.192 und 1943
1.662 Todesurteile aus.[43] Die Wehrmachtsjustiz verurteilte von 1939
bis Ende Juni 1944 darüber hinaus 11.664 Angehörige der deutschen
Streitkräfte zum Tode. Parallel überstellte die Gestapo eine un-
gleich höhere Zahl von Menschen direkt in die Konzentrationslager und Arbeitserziehungslager. Das kriminelle Vorgehen der politischen Polizei war ein Hauptgegenstand bei den Nürnberger
Kriegsverbrecherprozessen und das Themenfeld war eines der ersten und über lange Zeit eines wichtigsten der Zeitgeschichtsfor-

---

[43] Martin Hirsch. Recht, Verwaltung und Justiz im Nationalsozialismus.
Seite 549-556.

schung in der Analyse zur Struktur, zu Aufbau und Funktion des NS-Staates aber auch zum Schicksal der Zwangsarbeiter. Der Historiker Martin Broszat schrieb dazu 1958:

"Innerhalb der im ganzen sehr vielschichtigen und kontrastreichen Rechtsverhältnisse im nationalsozialistischen Staat ist es namentlich das Gebiet des Strafrechts gewesen, auf dem von Anfang an eine konkurrierende Zuständigkeit von Justiz und Polizei bestand. Dies zeigte sich zunächst bei den Straftaten im engeren Sinne, wo neben die Zuständigkeit der Sondergerichte und des Volksgerichtshofs das der SS und der Polizei unterstehende Instrument der Schutzhaft trat und es praktisch dem Ermessen der Geheimen Staatspolizei überlassen blieb, ob sie einen politisch Verdächtigen zur Aburteilung dem Gericht übergeben oder in einem Konzentrationslager unschädlich machen wollte. Im Laufe der Jahre beanspruchten Himmler und die SS jedoch darüber hinaus eine Zuständigkeit auch für andere Strafsachen, die in entsprechend weiter Auslegung der nationalsozialistischen Weltanschauung ebenfalls als politisch relevant betrachtet wurden. Dies galt zum Beispiel für die Straftaten von Polen und Juden, die Ende 1942 als Angelegenheit der Rassepolitik zur ausschließlichen Domäne der SS und Polizei wurden. Es galt aber auch für den Bereich der Bekämpfung der so genannten Asozialen und der Kriminellen."[44]

Der Bezirk des Oberlandesgerichts Celle umfasste die preußische Provinz Hannover, das Land Schaumburg-Lippe, verschiedene andere Landesteile, die später zu Niedersachsen kamen, aber auch die Insel Helgoland. Im Land Braunschweig existierte ein eigenes Oberlandesgericht. Es bestanden zehn Landgerichtsbezirke mit Langerichten in Aurich, Bückeburg, Detmold, Göttingen, Hannover, Hildesheim, Lüneburg, Osnabrück, Stade und Verden. Diese wiederum waren aufgeteilt in 114 Amtsgerichtsbezirke. Während des Zweiten Weltkrieges amtierte als Oberlandgerichtspräsident

---

[44] Martin Broszat. Zur Perversion der Strafjustiz im Dritten Reich. In: Vierteljahreshefte für Zeitgeschichte. Jahrgang 6 (1958). Heft 4, Seite 390f.

von Garßen. Er war 1932 nach Celle in das Amt berufen worden. Der Literatur nach galt er als "vornehm denkender, mutiger Richter, ein Hüter von Recht und Gerechtigkeit".[45] Er suchte die Abgrenzung der Justiz zum Vorgehen der Gestapo, um sie auch vor dem Verdacht parteinaher Kreise zu schützen, sie käme ihren Pflichten und Aufgaben im Sinne der neuen Weltanschauung nicht nach. Von der Gestapo fühlte sich die Justiz regelmäßig vorgeführt. Es ging dabei oft weniger um die Opfer an sich als vielmehr um das Selbstverständnis der Justiz und ihr Ansehen. Der Präsident des Oberlandesgerichts äußerte Kritik am Reichjustizministerium im Zuge der Euthanasie und in der Auseinandersetzung mit der Zeitung der Schutzstaffeln der NSDAP dem "Schwarzen Korps". Hier kritisierte der Präsident, dass Eingaben an die Schriftleitung erfolgen konnten, die ehrverletzende Äußerungen zu Angestellten der Justiz beinhaltet hatten.[46] Der Präsident des Oberlandesgerichtes Celle gab Meldungen von verschiedenen Landgerichtspräsidenten zur Euthanasie im September 1941 weiter, die erkennen lassen, dass kaum ein anderes Thema nationalsozialistischer Weltanschauung in der Bevölkerung auf so breite Irritation und Ablehnung stieß. So sei in Osnabrück allgemein viel darüber gesprochen worden. Insbesondere aufgrund der eigentümlichen Nachrichten über den Tod habe doch eine gewisse Beunruhigung in der Bevölkerung Platz ergriffen, wobei bei entsprechenden Anfragen von Privatpersonen verschiedenen Bildungsgrades der Ortsname Hadamar[47] öfters genannt worden sei. Es werde nach den Bürgschaften für eine zuverlässige Entscheidung über Leben und Tod des Geisteskranken gefragt. Die Beunruhigung scheine in katholischen Kreisen besonders lebhaft zu sein. Auch der Landgerichts-Präsident in Aurich habe berichtet, dass die Behandlung lebensunwerten Lebens in

---

[45]   Hans Michelberger. Berichte aus der Justiz des Dritten Reiches. Pfaffenweiler 1989. Seite 60f.
[46]   Michelberger, Seite 341.
[47]   Psychiatrische Klinik in Hessen, in der von 1941 bis 1945 14.500 Menschen mit Behinderungen oder psychischen Erkrankungen ermordet wurden.

weiten Kreisen bekannt geworden sei und gerade wegen der geheimen Behandlung beunruhigend wirke.[48]

Während des gesamten Zweiten Weltkriegs amtierte in Celle Generalstaatsanwalt Schnoering. In der Amtsstellung war er seit September 1934. Bemerkenswert sind eine ganze Reihe von kritischen und distanzierenden Äußerungen zum Verhalten und Vorgehen der Gestapo gegenüber ausländischen Arbeitskräften von 1940 an. Lynchjustiz an polnischen Arbeitern werde von der Bevölkerung als "unerfreulicher Zustand" wahrgenommen und zöge "erhebliches Aufsehen" nach sich. Der Generalstaatsanwalt kritisierte die "völlige Ausschaltung der ordentlichen Organe der Strafrechtspflege" sowie die eigentlich fehlende Strafbarkeit der entsprechenden Taten und die dringend gebotene Einschränkung der Befugnisse der Stapo. Festgehalten wurde, dass die ausdrückliche Einladung an den Oberstaatsanwalt aus Osnabrück als Zuschauer an einer derartigen Exekution teilzunehmen "selbstverständlich" abgelehnt worden sei. Der Generalstaatsanwalt beklagte die Erweiterung polizeilicher Machbefugnisse, zum Beispiel durch die sehr zurückhaltende Abgabe an die Strafverfolgungsbehörden, durch die Verhängung von Erziehungslager und Schutzhaft anstelle von ordentlicher Strafverfolgung, nicht nur bei Polen, durch die Verhängung von Schutzhaft sogar noch nach Einstellung oder zum Teil Verwarnung, durch die Einrichtung einer Sondergerichtsbarkeit für Angehörige der SS und der Polizei. Im Mai 1941 zitierte in diesem Zusammenhang der Generalstaatsanwalt den Fall des Pastors Engelbert aus Detmold, der nach erfolgter Einstellung des Verfahrens wegen Verstoßes gegen das Heimtückegesetz und Kanzelmissbrauchs von der Stapo in Bielefeld in Schutzhaft genommen worden sei, was nicht dem Ansehen der Rechtspflege diene.[49] Die Schutzhaft unterlag keiner richterlichen Kontrolle und konnte jederzeit polizeilich angeordnet werden. Es gab keine Haftprüfung

---

[48] Michelberger, Seite 484.
[49] Michelberger, Seite 521.

und somit ist die Schutzhaft auch nicht mit einer Untersuchungshaft zu vergleichen. Mit diesem Instrument der Schutzhaft wurden
zunächst politische Gegner festgehalten. Haftstätten zur Schutzhaft waren die Konzentrationslager. Schon von März bis April 1933
waren 25.000 Personen allein im Staat Preußen in "Schutzhaft"
genommen worden, überwiegend Sozialdemokraten und Kommunisten. Grundlage war die Verordnung des Reichspräsidenten zum
Schutz von Volk und Staat vom 4. Februar 1933. Begründet wurde
dies mit der Sicherstellung der öffentlichen Ordnung. Im August
1944 befanden sich 524.000 Personen in "Schutzhaft".

Die Lageberichte der Generalstaatsanwaltschaft Celle zum Verhältnis der Justiz zur Polizei – die bereits in den Nürnberger Pro-
zessen zitiert worden waren - bewertete der Autor Hans Michelberger 1989 als "sehr ergiebig". Der Celler Generalstaatsanwalt
äußerte sich etwa im Zusammenhang mit Kompetenzstreitigkeiten
zur offenen Drohung des Leiters einer Stapo-Stelle gegen den Gerichtsassessor in einer Polensache und meinte "dieser Vorfall werfe
ein besonders krasses Schlaglicht auf die Auffassung des Leiters
der besagten Stapo-Stelle, die naturgemäß immer wieder zu Konflikten führen müsse.[50] Der Generalstaatsanwalt könne nur erneut
auf die großen Schwierigkeiten hinweisen, die in derartigen Fällen
aus dem Neben- und Gegeneinander von Stapo und Justiz ent-
stünden. Und weiter: "Es dient nicht dem Ansehen der Rechtspflege, wenn Personen, gegen die Verfahren wegen Verstoßes gegen
das Heimtückegesetz usw. anhängig gewesen sind und die die-
serhalb sich in der Untersuchungshaft befunden haben, nach erfolgter Einstellung des Verfahrens und Verwarnung durch OStA
noch längere Zeit von der Gestapo in Schutzhaft genommen werden".[51]

Dieser Vorfall, der als Dokument auch in den Nürnberger Kriegsverbrecherprozessen Berücksichtigung fand, behandelte das Ver-

---

[50]   Michelberger, Seite 347.
[51]   Michelberger, Seite 359.

halten von August W., dem Leiter der Stapo Lüneburg, der auch die "Ukrainer-Aktion" in Burgdorf zu verantworten hatte. Es soll an dieser Stelle wiedergegeben werden, weil es Einstellung und Vorgehensweise Ws. deutlich macht, ebenso die Selbstwahrnehmung der Gestapo.[52] Der Generalstaatsanwalt in Celle schrieb am 31. Mai 1942 an den Reichsminister der Justiz zu Händen des Staatssekretärs Dr. Schlegelberger:

"Über die Aufnahme, welche die Ausführungen des Führers über die Justiz in seiner Rede vom 26. 4. 1942 bei den deutschen Rechtswahrern gefunden haben, ist folgendes zu bemerken: Vielfach befürchtet man, dass diese Ausführungen im Volke missverstanden und verallgemeinert werden könnten. Diese Besorgnis ist nicht ganz unbegründet. Offensichtlich haben manche Volksgenossen, die nicht zur Gefolgschaft der Reichjustizverwaltung gehören, aus der Führerrede entnehmen zu müssen geglaubt, dass anscheinend Organe der Justiz in erheblichem Umfange ihre Pflichten verletzt hätten. Ich kann nicht annehmen, dass der Führer seine Worte in dieser Weise ausgelegt wissen wollte. Ferner ist seit der Führerrede ein gesteigertes Bemühen justizfremder Stellen, insbesondere solcher der Partei und der Polizei festzustellen, Anteil an der Justiz zu nehmen, diese auch in einem von ihnen gewünschten Sinne zu beeinflussen. Schließlich mehren sich seit der Führerrede vom 26.4.1942 die Eingaben rechtssuchender Volksgenossen und von Quenglern, in denen unter Berufung auf die Rede die Abänderung einer für sie ungünstigen Entscheidung oder Maßnahme der Justiz begehrt wird, wobei gelegentlich auch Beleidigungen und Drohungen ausgesprochen werden. Es kann nicht verschwiegen werden, dass alle diese Erscheinungen bei einem Teil der deutschen Rechtswahrer eine gewisse Unsicherheit und Müdigkeit herbeigeführt haben.

---

[52] Zitiert bei Martin Broszat. Zur Perversion der Strafjustiz im Dritten Reich. In: Vierteljahreshefte für Zeitgeschichte.

Zu den unter II meines Lageberichts vom 9. April 1942 an Hand von Einzelfällen eingehend dargestellten Schwierigkeiten bei der strafrechtlichen Behandlung von Straftaten, die von Polen im Altreich begangen werden, möchte ich folgenden besonders bedeutsamen Fall nachtragen, der mir bedauerlicherweise erst kürzlich bekannt geworden ist und über den auch der Herr Oberlandesgerichtspräsident in diesen Tagen berichtet hat: am 12. Februar 1942 erhielt der Gerichtsassessor G. als Ermittlungsrichter des Amtsgerichts Lüneburg ein Ersuchen des Oberstaatsanwalts in Kalisch[53], einen vom Vorsitzenden des Sondergerichts in Kalisch erlassenen Haftbefehl gegen einen im Landgerichtsgefängnis in Lüneburg in Schutzhaft einsitzenden Polen Stanislaw Pawliki zu verkünden und zu vollstrecken. Der flüchtige und steckbrieflich verfolgte Pole sollte Plünderungen bei Volksdeutschen vor oder bei Beginn des polnischen Krieges begangen haben. Der Richter hat das Ersuchen des Oberstaatsanwalts in Kalisch ausgeführt, den Polen in Untersuchungshaft genommen und die Rücksendung der Akten nach Kalisch verfügt. Am Tage darauf meldete sich fernmündlich die Staatspolizeistelle Lüneburg, und zwar offensichtlich der in meinem Lagebericht vom 9. April 1942 genannte Leiter der Stelle (Kriminalrat W.) bei dem fraglichen Richter und machte ihm in erregter und unfreundlicher Weise Vorwürfe über die von ihm vorgenommenen Maßnahmen. Im Verlaufe des Ferngesprächs fiel seitens des Leiters der Staatspolizeistelle die Äußerung, es würde ihm leid tun, wenn er an den Reichsführer SS wegen der Angelegenheit berichten müsste, weil es dann sein könnte, dass der Verantwortliche in das Konzentrationslager käme. Wenn auch diese den ganzen Umständen nach offensichtlich als Drohung aufzufassende und von dem Richter auch als solche aufgefasste Äußerung von diesem in geschickter Weise dadurch pariert wurde, dass er erklärte, wenn ein Versehen passiert wäre, dann wäre es bei der Stapo passiert, und er würde es bedauern, wenn er - der Sprecher –

---

[53] Kalisch: Kalisz in Polen, etwa 100 Kilometer südlich von Posen.

seine eigenen Leute ins Konzentrationslager bringen müsste, so wirft doch der Vorfall ein besonders krasses Schlaglicht auf die Auffassung des Leiters der fraglichen Stapostelle, die naturgemäß immer wieder zu scharfen Konflikten mit den Justizbehörden führen muss."

Schon im Juli 1940 hatte der Celler Generalstaatsanwalt offen Verstöße gegen die Rechtsstaatlichkeit angeprangert[54]: "Erhebliches Aufsehen dürfte zum mindesten in Kreisen der Rechtswahrer die Tatsache erregen, dass trotz der schnellen, energischen und überaus wirksamen Tätigkeit der Sondergerichte immer noch Schwerverbrecher, soweit erkennbar, ohne ordentliches Gerichtsverfahren seitens der Polizei der Todesstrafe zugeführt werden. So wurde vor einiger Zeit wieder ein Berufsverbrecher, ,bei Widerstand erschossen'." Mangels Kenntnis von gesetzlichen Grundlagen dieses Vorgehens würden derartige Maßnahmen als Eingriff in die ordentliche Strafjustiz empfunden. Dieselbe Haltung äußerte der Generalstaatsanwalt auch bei Lynchjustiz gegen Polen in einem Lagebericht vom Mai 1942 und beklagte das "Neben- und Gegeneinander-Arbeiten von Stapo und Justiz bei der strafrechtlichen Verfolgung von Polen." Der Generalstaatsanwalt bat um bestimmte Weisung, ob überhaupt noch gegen im Altreich in Gerichtsgefängnissen in Schutzhaft einsitzende Polen, die strafbare Handlungen begangen haben, seitens der Staatsanwaltschaft vorgegangen werden soll. Dies gelte vor allem in den Fällen, wo der Staatsanwaltschaft die Mitteilungen über Straftaten von Polen nicht von den Polizeibehörden, sondern auf andere Weise zugingen. Im Dezember 1941 meldete der Generalstaatsanwalt die öffentliche Hinrichtung von drei Polen. Einer wurde im Bezirk Osnabrück wegen Geschlechtsverkehrs mit einer Deutschen gehängt, zwei weitere Polen wurden ohne bekannten Grund im Bezirk Verden aufgeknüpft.[55] Aus Juli 1942 stammt folgende Notiz des Celler Generalstaatsanwalts:

---

[54]   Michelberger, Seite 368.
[55]   Michelberger, Seite 408.

"Auch in den vergangenen beiden Monaten sind mir Fälle von Hinrichtungen polnischer Volkstumsangehöriger durch die Polizei bekannt geworden. Zu einer dieser Exekutionen, die in einem Wäldchen bei Lingen/Ems stattgefunden hat, war der Oberstaatsanwalt in Osnabrück als Zuschauer eingeladen worden. Der Oberstaatsanwalt hat die Teilnahme an der Exekution selbstverständlich abgelehnt."[56]

Im Februar 1943 berichtete der Generalstaatsanwalt mit dem Problem der Strafzumessung für deutsche Frauen und Mädchen, die Geschlechtsverkehr mit Kriegsgefangenen gehabt hatten. Diese Strafsachen hätten den Staatsanwaltschaften in der Vergangenheit mancherlei Schwierigkeiten bereitet. Dies konnte mit Gefängnis oder Zuchthaus bestraft werden. Eine Gefängnisstrafe für deutsche Frauen von zehn Monaten war nicht unüblich. Bei Minderjährigen beließ man es auch mit Fürsorgeerziehung.

"Verbotener Umgang" bedeutete nicht nur den geschlechtlichen Kontakt zwischen Deutschen sowie zivilen und kriegsgefangenen Ausländern sondern auch den sozialen. Auch gemeinsames Speisen an einem Tisch fiel darunter. In den sogenannten Polenerlassen im März 1940 hieß es: "Wer mit einer deutschen Frau oder einem deutschen Mann geschlechtlich verkehrt, wird mit dem Tode bestraft". Heinrich Himmler hatte als Reichsführer SS und Chef der deutschen Polizei dazu im Februar 1940 erklärt: "Wenn ein Pole mit einer Deutschen verkehrt, ich meine jetzt also, sich geschlechtlich abgibt, dann wird der Mann gehängt, und zwar so vor seinem Lager. Dann tun's nämlich die anderen nicht. Die Frauen werden unnachsichtig den Gerichten vorgeführt und wo der Tatbestand nicht ausreicht – solche Grenzfälle gibt es ja immer – in Konzentrationslager überführt." Ausgedehnt wurde dies dann in den "Ostarbeitererlassen" vom Februar 1942. Nun fielen auch "Bekämpfung der Disziplinwidrigkeit", "reichsfeindliche Bestrebungen", "kriminelle Verfehlungen" neben "Geschlechtsverkehr mit

---

[56] Michelberger, Seite 412.

Deutschen" zu den Vorkommnissen, denen "nur mit harten Maßnahmen" begegnet werden solle. Diese harten Maßnahmen bedeuteten entweder Einweisung in ein Konzentrationslager oder "Sonderbehandlung durch den Strang".[57]

Schwierigkeiten gab es allerdings auch, wenn eine "Polensache" nicht in Lynchjustiz mündete sondern vor dem Sondergericht verhandelt wurde. Das Reichsgericht entschied am 26. März 1942 in einem Fall, der den späteren Lynchmorden in Uetze recht ähnlich gewesen war. Das Sondergericht hatte zuvor nach Paragraph 223 des Strafgesetzbuches "Gefährliche Körperverletzung" entschieden, worauf bis zu fünf Jahre Freiheitsstrafe verhängt werden konnten. Das Reichsgericht meinte, dass der polnische Landarbeiter sich aber sogar unter Ausnützung der durch den Krieg geschaffenen Verhältnisse sich gefährlicher Körperverletzung schuldig gemacht hatte und verlangte den Paragraphen 4 der Volksschädlingsverordnung von 1939 anzuwenden, der in jedem Falle die Todesstrafe zur Folge hatte. Das Reichsgericht entschied hier im Zweifelsfall gegen den Angeklagten zu urteilen und rief das Sondergericht zur Neuverhandlung auf. Diese Höchstrichterliche Rechtsprechung gab quasi einen Freifahrtschein für Todesurteile aber auch für weitere Lynchmorde. Der Ort des Vorfalls wird nicht genannt, auch nicht, vor welchem Sondergericht die Sache zunächst verhandelt worden war.

"Der Angeklagte ist Pole und war als Landarbeiter bei dem Landwirt K. beschäftigt. Er hat auf dem Stallboden nach dem Schüler H., der ihm einen Arbeitsauftrag übermittelte, mit einem Besen geworfen. Der Besen traf den Schüler ins Gesicht. Dieser wurde unterhalb des rechten Auges verletzt, stürzte eine Leiter herunter und wurde benommen. Als er zu sich kam, fehlten ihm im Oberkiefer die beiden vorderen Schneidezähne. Außerdem blutete er stark im Gesicht. Der Amtsrichter hat ausgesprochen, dass diese Tat von besonderer, dem polnischen Volkstum eigener Brutalität

---

[57]   Zitiert bei Ulrich Herbert. Fremdarbeiter 1985, Seite 80.

zeugt. Hierzu gibt die Bekundung des Landwirts K., dass der Angeklagte sehr jähzornig veranlagt ist und sich wiederholt den Familienangehörigen des Landwirts gegenüber frech zeigte. Daher befürchtete K., dass es bei seiner häufigen Abwesenheit vom Hause als Fleischbeschauer einmal zu Ausschreitungen des Angeklagten gegen seine Angehörigen kommen würde. Er war auch abwesend, als der Angeklagte die vorliegende Tat beging.

Das Gericht hätte prüfen müssen, ob nicht § 4 VVO anzuwenden ist. Es ist naheliegend, dass die häufige Abwesenheit des Landwirts in seiner Eigenschaft als Fleischbeschauer durch kriegsbedingte Mehrarbeit veranlasst war und dass der Angeklagte sich der dadurch bedingten mangelnden Aufsicht bewusst war. Es ist auch anzunehmen, dass ich der der Angeklagte das durch den Krieg bedingte Fehlen weiterer deutscher männlicher Arbeitskräfte zunutze gemacht hat. Die Ausführungsweise der Tat und die Bekundungen des Landwirts K. zu der Persönlichkeit des Angeklagten gaben weiterhin auch Anlass zu der Prüfung, ob der Angeklagte bei dem gezeigten Maß von Hemmungslosigkeit, Rohheit und Gefährlichkeit als ein Täter von der Wesensart eines Volksschädlings erscheint."[58]

Heinrich Himmler verstarb am 23. Mai 1945 in Lüneburg durch Suizid im Verhörzimmer der britischen Ermittler. Zuvor hatte er versucht, unter falschem Namen im nördlichen Niedersachsen unterzutauchen. Mit dem Selbstmord eines Hauptverantwortlichen sahen sich viele Beteiligte des Systems der politischen Polizei automatisch entlastet, nicht zuletzt weil der ehemalige Leiter des Reichssicherheitshauptamtes Reinhard Heydrich 1942 in Prag bereits nach einem Attentat verstorben war und dessen späterer Nachfolger Ernst Kaltenbrunner vom Internationalen Militärgerichtshof verurteilt und am 16. Oktober 1946 in Nürnberg hinge-

---

[58] Martin Hirsch, Dietmut Meyer, Jürgen Meinck. Recht, Verwaltung und Justiz im Nationalsozialismus. Ausgewählte Schriften, Gesetze und Gerichtsentscheidungen von 1938 bis 1945. Köln 1984. Seite 500.

richtet worden war. Obwohl die politische Polizei in Nürnberg als "verbrecherische Organisation" eingestuft wurde, blieben viele Funktionsträger des Apparates unbehelligt.

Im Sommer 1944 machte sich unter der Bevölkerung im Reichsgebiet allmählich Unruhe breit. Insbesondere die Nachrichten aus dem Osten führten zu wachsender Besorgnis unter der weiblichen Bevölkerung. Die in scheinbar schonungsloser Offenheit verfassten geheimen Lageberichte des "Sicherheitsdienstes (SD)" offenbaren eine weitverbreitete Angst vor einem Heranrücken der sowjetischen Armee tief in die deutschen Kernlande bis in den Westen hinein: "Die allgemeine Stimmung aller Bevölkerungsschichten ist in der Berichtswoche weiterhin abgesunken. Die deutsche militärische Gesamtsituation erscheint der Bevölkerung, vor allem infolge der Verschärfung der Lage im Osten, als äußerst bedrohlich. Eine Art schleichender Panikstimmung hat sich zahlreicher Volksgenossen, insbesondere vieler Frauen bemächtigt. Die erfassten Äußerungen spiegeln überwiegend Bestürzung, Ratlosigkeit und Verzagtheit wieder. In der Berichtswoche stand die Stimmung der Bevölkerung im Zeichen einer starken Besorgnis um die Ostfront, gegen die alle übrigen Ereignisse auch weiterhin etwas zurücktraten. (Norddeutschland)."[59]

Einschätzungen wie diese trugen umso mehr dazu bei, dass die Staatspolizei buchstäblich immer brutaler um sich schlug. Neben der Gefahr von außen schien auch die Gefahr von innen immer mehr an Brisanz zu gewinnen. "Auf dem flachen Land kommt die Angst vor einem Aufstand der ausländischen Arbeitskräfte hinzu, zumal dort, wo in einer Ortschaft nur noch wenige deutsche Männer bis 200 und mehr Ausländern gegenüberstehen. Die Bevölke-

---

[59]   Meldungen aus den SD-Abschnittsbereichen vom 22. Juli 1944. In: Heinz Boberach. Meldungen aus dem Reich. Die geheimen Lageberichte des Sicherheitsdienstes der SS 1938-1945. Band 17. Seite 6651f.

rung sei sich keineswegs mehr sicher, dass die örtlichen Führungsstellen auf alle Eventualitäten vorbereitet seien. (Königsberg)."[60]
Kleinste Verfehlungen von ausländischen Arbeitskräften hatten jetzt die sofortige Verhaftung zur Folge. Aber auch deutsche Staatsbürger denunzierten einander um geringste Kleinigkeiten, die als Kriegswirtschaftsdelikt Zuchthaus zur Folge haben konnten. Dabei traf es aber auch Kreisleiter und Funktionäre und privilegierte Personen, die sich sicher gefühlt hatten und glaubten sich in Zeiten des Mangels und der Bezugsscheine an Nahrungsmitteln und Vorräten einen kleinen Vorteil verschaffen zu dürfen. Wolfgang Staudtes satirischer Spielfilm "Rosen für den Staatsanwalt" von 1959, in dem ein junger Mann wegen des vermeintlichen Diebstahls einer Schokolade zum Tode verurteilt wird, zeigt die reale Lage in Deutschland während des letzten Kriegsjahres. Unzählige Menschen wurden verhaftet und starben in Gefängnissen, weil sie für ihre Familie zu viel Fleisch oder Tabak an die Seite geschafft hatten. Dies war die Stimmungslage im Sommer 1944. Dabei verrieten und beschuldigten sich die Bürger gegenseitig in einem immer rascheren Tempo. Auch das Wort wurde zur Tat. Allein im Zuchthaus Celle starben 1944 um die 87 Menschen, die häufig wegen Bagatelldelikten, die man Kriegswirtschaftsverbrechen nannte, verhaftet worden waren.
Diese Hysterie und der Drang zur Denunziation kann als Folge der scheinbar ausweglosen Situation gewertet werden, in der die Menschen innerhalb der Diktatur ein Ventil suchten. Die SD-Berichte legen unverblümt offen, dass große Teile der deutschen Bevölkerung Hitler bereits abgehakt hatte und das Land als führungslos betrachte. Der pausenlose Luftkrieg über Westdeutschland und die apokalyptischen Meldungen aus dem Osten führten zu der Überzeugung, dass man schutzlos dem Schicksal ausgeliefert sei. Insbesondere die schwache Luftabwehr führte zu Resignation und Des-

---

[60] Bericht an den Reichsschatzmeister der NSDAP vom 7. August 1944. In: Boberach, Seite 6695.

interesse gegenüber der NS-Propaganda. Was passieren könnte, wenn die Sowjetarmeen Deutschland überrennen und Rache nehmen, verleitete die Bevölkerung zu alptraumartigen Phantasien. Umso mehr achtete ein jeder Bürger darauf, dass sich der Nachbar keinen Vorteil erschlich oder aus Eigennutz die Gemeinheit gefährdete. Die permanent gestresste Bevölkerung, die selbst zu Zwölf-Stunden-Schichten dienstverpflichtet war und Nächte im Luftschutzkeller zubrachte, suchte sich ein Ventil. Umso mehr sah sich die Staatspolizei in ihrer Hyperaktivität bestätigt und als einzig verbliebene Autorität im Kampf gegen "Volksschädlinge".

Die SD-Berichte machen deutlich, dass die deutsche Bevölkerung auch erstaunlich gut über die Invasionspläne der Westalliierten informiert war. Obwohl es verboten war, hörten viele einen der zahlreichen "Feindsender" in deutscher Sprache. Die kurzzeitigen Erfolge der deutschen Raketentechnik ließen nur sporadisch Hoffnung auf eine Wende aufflammen. Die schweren Luftangriffe auf München bewerteten die Bürger als Revanche auf die V2-Angriffe auf London. Alle diese Nachrichten kursierten natürlich auch unter den ausländischen Arbeitskräften im Reich und die SD-Berichte konstatierten ein zunehmend selbstbewusstes Auftreten etwa der polnischen Bevölkerung im "Generalgouvernement". Die Feuerschutzpolizei Hannover gab in ihren Tagesbefehlen die Parole an die Einsatzkräfte aus, die Stimmung im Gespräch mit der Bevölkerung als durchaus stabil zu schildern, Luftangriffe nicht als Katastrophe zu beschreiben und etwa auf die immer noch gesicherte Versorgungslage an Grundnahrungsmitteln im Reichsgebiet zu verweisen. Die in Hannover bei der Feuerschutzpolizei im Dienst stehenden Ukrainer dürften über die Lage besonders gut informiert gewesen sein, ebenso die bei der kriegswichtigen Elwerath in Nienhagen arbeitenden Osteuropäer. In der Bevölkerung wuchs die Angst vor der "inneren Front". Die SD-Berichte schildern das 1944 weitverbreitete Szenario der Angst, dass die Ausländer für den Tag der Invasion der Westalliierten einen Aufstand vorbereiten könnten und diese beim Zusammenbruch der Fronten aus Rache Massaker an deutschen Zivilisten verüben würden. Große Unternehmen erarbeiteten Einsatzpläne mit der jeweiligen Gestapoleitstelle für den Fall von eventuellen Ausländerunruhen am "Tag X".[61] Die Landung der Amerikaner in der Normandie erfolgte am 6. Juni 1944. 37 Gestapo-Leitstellen meldeten zwischen März und September 1944 Festnahmen von "Widerstandsgruppen" sowjetischer Kriegsgefangener, ziviler Osteuropäer, Tschechen und deutschen Kommunisten. Die Gestapoleitstelle Hamburg, zu der auch der Bezirk Lüneburg mit Celle und Burgdorf gehörte, meldete im Juni die Festnahme von 138 "Ostarbeitern und Kriegsgefangenen" der Organisation "Sowjetrussisches Zentralkomitee gegen den Faschismus". Ebenfalls im Juni meldete die Gestapoleitstelle Hannover die Festnahme von 123 "Ostarbeitern" der "Kommunistischen Widerstandsbewegung".[62] Zusammenschlüsse dieser Art gab es im gesamten Reichsgebiet, wobei die Bezeichnungen der Organisationen keinen Hinweis zulassen auf die tatsächlichen Beweggründe der Teilnehmer. Ein Motiv könnte immer auch gewesen sein, bei der Befreiung durch die Sowjetarmee unter keinen Umständen als Kollaborateur zu gelten. Keine dieser zahlreichen Bewegungen hatte an der deutschen Bevölkerung ein Verbrechen verübt.

Dies führt hin zu der Frage nach dem Motiv um die Ereignisse im Sommer 1944 in den Landkreisen Burgdorf und Celle. Ein sowjetischer Zivilarbeiter hatte bei der Elwerath eine "Verschwörung" verraten. Doch warum sollten Männer, die bei der Feuerschutzpolizei vergleichsweise bevorzugt lebten, einen Aufstand anzetteln, noch bevor überhaupt alliierte Truppen das Reichsgebiet erreicht hatten? War es die bloße Annahme der Gestapo, dass solche Rache-Aktionen im gesamten Deutschland unmittelbar bevorstünden, oder hatten die Ukrainer noch ein ganz anderes Motiv? Im ungünstigsten Falle handelte es sich tatsächlich um eine "Räuber-

---

[61]   Ulrich Herbert. Fremdarbeiter. Bonn 1999. Seite 374f.
[62]   Ulrich Herbert. Fremdarbeiter. Bonn 1999. Seite 372f.

bande", wie der Angeklagte Hermann K. es dargestellt hatte. Die Beteiligten hätten durch die schlechte Versorgungslage und die rigiden Lebensmittelrationen für Osteuropäer veranlasst gewesen sein können, durch Diebstahl und Handel diese aufzubessern. Doch wozu hätten sie sich dann Waffen beschaffen sollen, wenn es offensichtlich so leicht gewesen war, in Lehrte umrangierte Güterwagen zu knacken? Die Aussagen von Hermann K. erscheinen bisweilen übertrieben und widersprüchlich. Allerdings hat auch niemand von den benannten Zeugen aus der Stadt Burgdorf nach dem Krieg Widerspruch in dem Sinne erhoben, dass diese vorangegangene Diebstahlserie nicht stattgefunden habe. Alle diese Zeugen waren nach dem Krieg nicht mehr im vormaligen Dienstrang gewesen. Hermann K und Herbert B. waren Ortsfremde. Ein großer Teil der Verhafteten hatte nicht in Burgdorf gearbeitet. Es gibt keinen plausiblen Grund, weshalb die Zeugen hier wesentliche Dinge hätten verschweigen sollen.

In der deutschen Zeitgeschichtsforschung ist die Kollaboration der Ukrainer mit dem NS-Staat weitgehend tabuisiert worden, überlagert vom Fokus auf die ausschließliche Opferperspektive durch die traditionell politisch linkslastige Zwangsarbeiterforschung. Insgesamt liegt das Themenfeld Kollaboration in den von Deutschland besetzten Ländern Europas als Wissenschaftsfrage im Argen. Die deutsche Forschung hielt es für pietätlos und als Versuch der Relativierung, scheute sich deshalb, sich damit zu befassen und in den jeweiligen Staaten wurde das Thema gerne verschwiegen. Denn ohne die deutsche Aggression wäre niemand zum Kollaborateur geworden. Erst in der jüngeren Zeit rückte die Erforschung der Freiwilligen-Armeen in den Blickpunkt. Denn inzwischen erscheint Aufklärung in dieser Frage unerlässlich, um Zusammenhänge klarzumachen, die bis in die Gegenwart Osteuropas reichen. Neben dem Feuerschutz-Regiment der Ukrainer und der "Ostlegionen" mit Freiwilligen "nichtsowjetischer Völker"[63] gab es die 14. Waffen-SS-Division Galizien, die 1943 mit ukrainischen Freiwilligen und Volksdeutschen aufgebaut worden war und in der Spitzenzeit 22.000 Kräfte zählte, im Balkan, der Ostfront, in Polen und zuletzt der Tschechoslowakei eingesetzt war. Im Juli 1943 wurden sieben Regimenter zu je 2.000 Mann gebildet, die aus dem Lemberger Großraum stammten. Dies waren Anhänger der Organisation Ukrainischer Sozialisten, die sich seit 1929 formiert hatte. Deren Ursprung lag im Territorialkonflikt des Polnisch-Sowjetischen Krieges von 1920 und des territorialen Wandels in Osteuropa seit dem frühen 18. Jahrhundert in der Folge der russischen Expansion des Zarenreiches. Die "Ukrainische Selbstschutz-Legion" war rückwärts der Front bei der Brandbekämpfung eingesetzt und soll im Winter 1943/44 bei Luzk ein Massaker an der polnischen Bevölkerung zu verantworten gehabt haben, was als ethnische Säuberung interpretiert wird.[64] Auch für die Deportation von ukrainischen Juden in das Vernichtungslager Belzec sollen sie verantwortlich gewesen sein.[65] Kriegsverbrechen der Ukrainer in der heutigen Ukraine zu verfolgen, sei ein "totaler Fehlschlag", bemerkte 2013 Efraim Zuroff vom Simon-Wiesenthal-Zentrum. Seit der Unabhängigkeit der Ukraine im Jahr 1991 sei nicht ein einziger Ukrainer angeklagt worden. Für Aufsehen sorgten in der jüngsten Vergangenheit Veteranenfeiern der Ukrainer-SS. Dabei wurde offensichtlich, dass die Debatte um Kollaboration und Kampf und die Unabhängigkeit nur langsam ins Bewusstsein drängt. Die "Welt" zitierte den früheren, 86 Jahre alten Kämpfer Jewhen Kuzik, der nach dem Krieg und der Rückkehr in die Sowjetunion dort zwölf Jahre in

---

[63] Die Ostlegionen sind nicht zu verwechseln mit der "Wlassow-Armee" sowjetischer Freiwilliger. Die Wlassow-Armee soll 50.000 Kräfte, die Ostlegionen zwischen 40.000 und 100.000 Kräfte gezählt haben.

[64] Franziska Bruder. Den ukrainischen Staat erkämpfen oder sterben! Die Organisation ukrainischer Nationalisten (OUN) 1929-1948. Berlin 2007.

[65] Florian Stark. Wenn ukrainische SS-Veteranen ihre Divisionen feiern. In. Die Welt. Ausgabe vom 22. August 2013.

einem Arbeitslager verbracht hatte: "Ich habe für mein Vaterland gekämpft und für mein Volk." Er war als 16jähriger zu der Einheit gekommen. Veteran Michaib Jamulik, der nach dem Krieg nach Minneapolis emigrierte, wurde so zitiert: "Diejenigen, die sagen, wir hätten eine deutsche Uniform getragen – ja das haben wir, und wir haben deutsche Waffen benutzt – aber unsere Herzen sind voll mit ukrainischem Blut." So sahen und sehen sich diejenigen, die eine deutsche Uniform getragen haben, längst nicht Kollaborateure. Der Präsident der Ukraine von 2005 bis 2010, Wiktor Juschtschenko, dessen Vater in den Konzentrationslagern Auschwitz und Flossenbürg inhaftiert gewesen war, würdigte die Veteranen im Dienst der Deutschen als Helden. Nachfolger Viktor Janukowitsch, der dem heutigen Rußland von Putin näher gestanden hat, lehnte diese Ehrung ab. Somit wird deutlich, welche hochmotivierten politischen Kräfte den ukrainischen Menschen innewohnten, die während des Zweiten Weltkriegs auf dem Gebiet des deutschen Altreiches zur Arbeit verpflichtet gewesen waren. In ihnen keimte ein Eigeninteresse, das unabhängig von der deutschen Zielsetzung eines Eroberungskrieges ein ganz anderes, diametral entgegengesetzte Ziel vor Augen hatte. Vor diesem Hintergrund erscheint das von der Gestapo Lüneburg genannte Motiv der Ukrainer in der Turnhallen-Aktion zunächst unglaubwürdig. Weshalb hätten gerade die Ukrainer plötzlich Widerstand leisten sollen? Nimmt man aber an, die Ausländer im Burgdorfer Land hatten im Sommer 1944 dieselbe Kenntnis über den Frontverlauf wie die deutsche Bevölkerung via "Feindsender" und Botendienste auch erhalten, kann man durchaus den Grund erblicken, weshalb sich die Ukrainer gerade jetzt zu diesem Zeitpunkt bewaffnen wollten. Vielleicht hatten sie vor dem Hintergrund der selbst in den SD-Berichten geschilderten pessimistischen Stimmungslage der Deutschen angenommen, der günstige Zeitpunkt sei gekommen, gerade jetzt in Westdeutschland die deutsche Verteidigung und Luftabwehr zu schwächen, um den Vorstoß der Westalliierten zu beschleunigen. Das wäre für die ukrainischen Interessen allemal günstiger gewesen, als der drohende Vormarsch der Sowjettruppen bis tief in das deutsche Kernland hinein. Dies würde erklären, weshalb bei der "Ukrainer-Aktion" auch eigentlich verfeindete Polen mitverhaftet wurden. Auch diese sahen generell in den Westalliierten die bessere Schutzmacht als die Sowjetunion. Erklären würde dies den "Verrat" durch den sowjetischen Zivilisten der Elwerath an die Gestapo sowie die offensichtlich umfangreiche Kettenbriefaktion, bei die beteiligten Ausländer mit Sicherheit auch Informationen über den drohenden Zusammenbruch der deutschen Fronten ausgetauscht haben dürften. Dies muss Spekulation bleiben und ist allenfalls ein Erklärungsmodell. Gerade das in besetzten Ländern Europas aktive Erdölunternehmen Elwerath und die Feuerschutzpolizei waren so sensible Bereiche, in denen die dramatische Frontlage auch gegenüber den ukrainischen Arbeitern unmöglich verborgen gehalten werden konnte. Motiv hätte sein können, die deutsche Verteidigung zu schwächen, dabei mitzuhelfen, den Amerikanern einen schnellen Durchmarsch bis nach Osteuropa zu ermöglichen, damit die Ukraine von der Sowjetunion unabhängig hätte werden können. Somit wäre die "Ukrainer-Aktion" bereits eine politische Aktion im Hinblick auf die Zeit nach dem Kriegsende gewesen.

Untermauern würden diese These, Ereignisse aus der Nachkriegszeit, die politischen Aktivitäten der Ukrainer, die als Displaced Persons noch Jahre weiter in Deutschland ausharren sollten.[66]

Das größte Lagergelände in Burgdorf überhaupt war der frühere Stützpunkt der Feuerschutzpolizei. Dies entwickelte sich nach dem Krieg zu einem der größeren DP-Lager in der britischen Zone zur Sammlung der Ukrainer. Die Militärregierung in Person von Lt. Col. Bowden informierte den Landrat in Burgdorf am 25. Juni 1945, darüber, dass Angelegenheiten von Personen russischer Nati-

---

[66] Jan-Hinnerk Antons. Ukrainische Displaced Persons in der britischen Zone. Essen 2014. Seite 329.

onalität allein Belange der Militärregierung seien.[67] Erst mit dem 1. Juli 1950 wurden die DP-Lager durch die deutsche Verwaltung übernommen. Erst ab diesem Zeitpunkt existieren auch deutsche Akten über verschiedene DP-Lager in Norddeutschland.[68]

Während die Ausreise der meisten Ausländer in ihre Heimat logistisch bis zum Jahresende 1945 bewerkstelligt werden konnte, blieben die Ukrainer noch für Jahre in Westzonen vor Ort. Ihre Repatriierung war ein Wunsch der Sowjetunion und unterlag somit allein der Politik der Siegermächte. Die Ukrainer aber wollten entweder die Unabhängigkeit für ihr Land oder die Ausreise nach Nordamerika. Zur Verwaltung von Stadt oder Landkreis Burgdorf gab es deshalb so gut wie keine Berührungspunkte. Die Briten bildeten größere Lager, um die Verwaltung und das Alltagsleben für die Ukrainer zu vereinfachen. Wichtig war es in der Anfangszeit auch, die Ukrainer von den noch anwesenden verfeindeten Polen zu trennen. Nationalistische Ukrainer und Polen trugen seit 1920 einen Territorialkonflikt aus, der letztendlich auch nach dem Viermächteabkommen zu der territorialen Westverschiebung Polens und dem Verlust des polnischen Ostens führte.

Insgesamt lebten im Juni 1945 im Landkreis Burgdorf 7.401 Ausländer in Lagern und 1.315 Ausländer unter festen Adressen. Im März 1946 wurde die Gesamtzahl der DPs im Landkreis Burgdorf mit 993 angegeben. Es wurden jetzt erstmals ausdrücklich "DPs" genannt. Das Camp Ohio lag ausschließlich im Zuständigkeitsbereich der Militärregierung.[69] Zum Lager Ohio hatten deshalb weder Stadt noch Landkreis Burgdorf nennenswerte Berührungspunkte. Der Lagerführer des Lagers Ohio schrieb am 12. September 1945 an den Kommandanten der Militärregierung Burgdorf betreffend die Versorgung des DP-Camps mit Strohsäcken. Auf Befehl des Mil. Govt.

---

[67] Archiv der Region Hannover/ Neustadt am Rübenberge. L Nr. 2708. (Oberkreisdirektor 1945-1946)

[68] Henrike Anders. Ukrainisch-katholische Gemeinden in Norddeutschland nach 1945. Seite 201.

[69] Archiv der Region Hannover. L Nr. 6499. (Amt für Wohnungsbau).

Det 307 P in Münster könne Material zur Herstellung von Strohsäcken/ Matten allein vom Kreis-Kommandanten in Burgdorf direkt bei den Spinnereien/ Herstellern konfisziert werden. Unterzeichnet mit "Der Lagerführer Camp Ohio" - maschinell ohne Name Unterschrift.[70] Es ist die einzige vorhandene Notiz. Die Dissertation von Jan-Hinnerk Antons über DP-Camps in der britischen Zone nennt für das Lager Ohio in Burgdorf am 28. Februar 1946 die Zahl von 600 Bewohnern. Ohio zählt zu den 69 DP-Camps in der britischen Zone, in denen ausschließlich Ukrainer lebten. Darüber hinaus gab es zahlreiche andere Lager, in denen Ukrainer mit anderen Volksgruppen lebten, wie "Colorado" in Hänigsen. Am 23. April 1947 zählte Ohio 974 Bewohner, am 27. August 1947 scheinbar immer noch 974. Diese Zahlen decken sich scheinbar nicht mit den Angaben, die der Landkreis Burgdorf im Januar 1946 an die Militärregierung Hannover gemeldet hatte. Demnach lebten ja schon 1946 im gesamten Landkreis Burgdorf nur noch knapp 1000 Ausländer in Lagern insgesamt. Dies erklärt sich aus dem Umstand, dass ein großer Teil der Ausländer Deutschland bereits verlassen hatte und die "DPs" innerhalb der britischen Zone in erheblichem Maße umquartiert wurden. So hatte der größte Teil, der 1946 im DP-Camp Ohio lebenden Ukrainer bis zum Kriegsende nicht im Gebiet des Landkreises Burgdorf gearbeitet. Die Sowjetunion drängte auf Repatriierung all ihrer Bürger und entsandte in die britische Zone Verbindungsoffiziere, die für die Rückwanderung warben. Bei dem Besuch des sowjetischen Verbindungsoffiziers am 23. Juli 1946 im Lager Ohio wurde dieser von den Ukrainern zunächst als "Kommunistenschwein" beschimpft und verbal bedroht. Schließlich gingen einige DPs zum physischen Angriff über, wobei der Verbindungsoffizier ernsthaft am Kopf verletzt wurde, während seinem Fahrer ein Messer in den Rücken gestochen wurde. Noch Schlimmeres verhinderte der UNRRA-Direktor

---

[70] Archiv der Region Hannover/ Neustadt am Rübenberge. L Nr. 2706, Blatt 76. (Oberkreisdirektor 1945-1946)

des Lagers[71], indem er einem zum Schlag ausholenden DP eine Axt entwand. Die drei als Haupttäter identifizierten ukrainischen DPs, unter ihnen der stellvertretende Polizeichef des Lagers, tauchten unter und konnten von der PWDP-Division[72] nicht dingfest gemacht werden. Den Sowjets wurden die Namen nicht preisgegeben. Die Briten stellten fortan eine größere militärische Eskorte bei Auftritten von sowjetischen Verbindungsoffizieren. Die International Refugee Organisation schuf eine landwirtschaftliche Ausbildungsstätte für die Ukrainer in Burgdorf. Ivan Koval, Kommandant des DP-Camps Ohio, gehörte der Liga der Ukrainischen Politischen Gefangenen an, die sich nach der Befreiung in München gegründet hatte. Diese waren auch häufig Aktivisten der Organisation Ukrainische Nationalisten. Diesen ging es um die Unabhängigkeit von der Sowjetunion. Von Sommer 1946 an war auch Lager Ohio im Austausch des "Inter-Camp-Councils" mit anderen Ukrainer-Camps im mittleren Niedersachsen. Hier standen die Weiterbildung und Berufliche Bildung aber auch politische Interessen der Ukrainischen Nationalisten im Mittelpunkt. Sprachbildung hatte erste Priorität, da geschätzt 16.000 der Ukrainer in DP-Camps Analphabeten waren. Vorrangiges Ziel der Ukrainer war neben der ukrainischen Unabhängigkeit die Emigration nach USA und Kanada. Sinn der DP-Camps war es 1946, die Repatriierung in die Sowjetunion mit britischer Unterstützung zu verhindern. Die Ukrainer fürchteten bei einer Rückkehr in die Sowjetunion dem Vorwurf der Kollaboration mit dem NS-Staat ausgesetzt zu sein, was sowjetisches Arbeitslager zur Folge hätte haben könnte.

Die Aktivitäten der Ukrainer nach 1945 in Deutschland zeugen von einem politisch selbstbewussten Handeln im Interesse der nationalen Unabhängigkeit ihrer eigenen Nation. Diese Haltung könnte auch die treibende Kraft im Sommer 1944 gewesen sein, mitzuhelfen, den Vormarsch der Westalliierten zu beschleunigen. Darin

---

[71]   UNRRA: United Nations Relief and Rehabilitation Administration.
[72]   Prisoners of War/ Displaced Persons Division. Antons, Seite 402.

bestand eine kleine Chance, dem Vormarsch der Sowjetunion zu-vorzukommen.

Da jedoch keine schriftlichen Beweise, keine schriftlichen Geständnisse der 1944 verhafteten Ukrainer vorliegen sondern nur die Aussagen der Gestapo-Beamten und anderer Zeugen, könnte die "Verschwörung" im Burgdorfer Land auch eine aufgebauschte fixe Idee der Gestapo vor dem Hintergrund der allgemeinen Lage gewesen sein. 1943 hatten Kriminalpolizei und Gestapo in Celle acht polnische Männer aus dem Lager Burgstraße verhaftet. Ihnen waren 24 Straftaten zur Last gelegt worden, nächtliche Einbrüche in diverse Celler Geschäfte für Spirituosen, Genusswaren, Textilien und Schmuck. Das Sondergericht Hannover hatte die beiden Haupttäter am 30. Juni 1944 zum Tode verurteilt und am, 14. September 1944 in Wolfenbüttel hinrichten lassen.[73] Auch die in der "Ukrainer-Aktion" zur Sprache gebrachten Taten, wie die Aufbrüche von Eisenbahnwagen im Lehrter Raum bei Immensen, scheinen zunächst einen rein räuberischen Charakter gehabt zu haben.

War der "Ukrainer-Aufstand" eine von der Gestapo absichtsvoll aufgebauschte Aktion? In vielen anderen Fällen waren die Celler Gestapo-Beamten willkürlich, leichtfertig und ungeprüft jeder Form von Denunziation gefolgt. Beispiele für Denunziation aus dem Landkreis Burgdorf, die in die Zeit von Hermann K. und Herbert B. fallen, betreffen auch deutsche Bürger. So etwa den Unternehmer Hans Paul aus Altmerdingsen, Gründer des Erdölunternehmens Gewerkschaft Siegfried, die das Erdölfördergebiet in der südlichen Hänigser Gemarkung entwickelt hatte. Hans Paul wurde 1944 nach Denunziation von geschäftlichen Widersachern von der Gestapo "wegen zu großer Nähe und Kollaboration mit dem Feind" verhaftet und brachte Wochen im Celler Gerichtsgefängnis zu. Noch vor dem Krieg hatte die amerikanische Vacuum AG 76 Prozent der Anteile der Gewerkschaft Siegfried erworben. Im Kriegs-

---

73   Nils Köhler. Zwangsarbeit in der Lüneburger Heide. 2. Auflage Bielefeld 2004.

jahr 1943 hatte das "Südfeld" den Förderrekord von 63.225 Tonnen Erdöl erzielt. Weil dieser Betrieb während des Krieges Teil eines amerikanischen Unternehmens blieb, blieb das Gelände auch von Luftangriffen verschont, im Gegensatz zur Elwerath in Nienhagen und den Erdölbetrieben in Dollbergen. Bekannte übten ihren Einfluss für die Freilassung von Hans Paul aus.

Elisabeth F., geboren am 15. April 1884 in Röhrse, wurde nach Denunziation verhaftet und vom Angeklagten Hermann K. ebenfalls in Celle verhört. Frau F. war als Zeugin des Lüneburger Schwurgerichtsverfahrens 1950 befragt worden:

"Etwa 14 Tage vor Weihnachten 1944 wurde ich vom Polizeimeister W. in Sievershausen in das Polizei-Gefängnis in Celle eingeliefert. Mir wurde vorgeworfen, dass ich mich in Röhrse geäußert habe, der damalige Bürgermeister G. und der Landwirt A. seien schlimmer als die russischen Kommissare." Nach zwei Vernehmungen und acht Tagen wurde Frau F. wieder entlassen, jedoch unter der Bedingung, eine Zahlung an die NSV-Kreisleitung zu leisten. "Der damalige Gestapo-Beamte K. verlangte von mir zunächst 1000,00 RM."

Die Quittung vom 9. Januar 1945 über 750,00 RM an die NSV-Kreisleitung konnte Frau F. bei ihrer Anhörung noch vorlegen. Die NSV war die Nationalsozialistische Volkswohlfahrt. Diese bezahlte aus Spenden und Mitgliedsbeiträgen insbesondere Kinder- und Jugendarbeit sowie die Kinderlandverschickung. Da hier der Gestapo-Beamte ja ohne ordentliches Gerichtsverfahren willkürlich hohe Summen festsetzt, muss man sich fragen, ob die Kreisleitung in Burgdorf hier vielleicht auch Geld für ganz andere Zwecke abzweigte und mit der Gestapo gezielt unter einer Decke steckte, diese vielleicht sogar anwies, von unliebsamen Bürgern Summen zu erpressen, um die Arbeit der Kreisleitung in Gang zu halten. Denn ein Einzelfall war das nicht.

Für das Verfahren 1950 in Lüneburg wurde auch eine Aussage herangezogen, die der Landwirt Gustav B. aus Dolgen schon 1946 gegen Hermann K. hervorgebracht hatte. "Der frühere Gestapo-Beamte K. aus Celle schlug mich in seinem Büro ohne Grund nieder und misshandelte mich in abscheulicher Weise. Auch schädigte er mich um Reichsmark 5000."

Der Landwirt hatte von den Behörden im Jahr 1944 die Genehmigung erhalten, für seinen sehr großen Hof die vollständige Dachsanierung seines Viehstalles vornehmen zu dürfen. Während das Dach zur Hälfte bereits abgedeckt gewesen war, war im Landkreis Burgdorf die Anordnung zur Bereitstellung allen überschüssigen Baumaterials für den Bau von Behelfsheimen für ausgebombte Großstadtbewohner erfolgt.

Dazu merkte Gustav B. an: "Ich erkläre noch, dass meine ganze Schuld in der Gegnerschaft zur NSDAP gelegen hat. Meine Bauangelegenheit war nur ein Vorwand, um mich zu treffen und mich zu vernichten. Nachdem ich mit den Bauarbeiten begonnen hatte, bekam ich telefonisch den Bescheid, die Arbeiten sofort einzustellen."

Gustav B. erklärte, dass er am 9. November 1944 im Dienstzimmer der Gestapo Celle fünf bis sechs Kinnhaken vom Angeklagten K. erhalten habe. K. habe ihm gedroht mit folgenden Worten: "Die Rübe wird ihnen abgehackt." Dies hätte ein eindeutiger Beweis dafür sein können, dass K. tatsächlich wusste, was er tat und welche Folgen sein Tun für die Betroffenen hatte. Er räumte dies später gegenüber den Ermittlern ja indirekt ein, gab sich aber immer ahnungslos, wenn es um die Frage ging, welches konkrete Schicksal die Betroffenen wohl erlitten haben mochten.

Scheinbar verwendeten sich einige wohlmeinende Zeitgenossen für den Dolgener Landwirt Gustav B. und er wurde am 5. Dezember 1944 aus dem Celler Gerichtsgefängnis entlassen. Gustav B. merkte in seiner Aussage an, dass der Angeklagte Hermann K. nun plötzlich ganz freundlich zu ihm gewesen sei. Vermutlich gab der Gestapo-Beamte nun nicht mehr um den Umstand herum, dass B. die Genehmigung zur Dachsanierung erteilt worden war. Entlassen wurde Gustav B. aber nur mit der Bedingung, 2.000 Reichsmark an die NSV-Kreiskasse Burgdorf zu zahlen. Auch hier steckte Denunziation hinter dem Vorfall. Gustav B. nannte hier zwei unterschiedliche Summen, einmal 5.000 und einmal 2.000 Reichsmark, um die er geschädigt worden sein. Die Differenz von 3.000 RM erklärt sich aus den überlieferten Unterlagen nicht. Vielleicht war es B. nach seiner Entlassung nicht mehr möglich gewesen, das Dach fertigzustellen und er musste sicherlich Rechnungen für die bereits angefangenen Arbeiten bezahlen. Vielleicht handelt es sich aber auch um einen Fehler in der Überlieferung bzw. Transkription, denn die Ursprungsprotokolle waren von den Teams der englischen Besatzer vorgenommen worden, die Verbrechen gegen die Menschlichkeit aufzudecken hatten. Die Aussagen waren mehrfach umgetippt worden. Dies kann Widersprüche erklären.

Der stellvertretende Kreisleiter der NSDAP Burgdorf, Richard K. aus Hänigsen, hatte nach dem überlieferten Material immer wieder Menschen in Schwierigkeiten gebracht. Dem Pastor Firnhaber in Hänigsen hatte er mit KZ gedroht. Der Pastor hatte nicht hinnehmen wollen, dass die Stunden der Hitlerjugend parallel zum Konfirmandenunterricht abgehalten wurden. So hatten sich nämlich die Familien entscheiden müssen. Für das Kreuz von Adolf Hitler oder für das Christenkreuz. Auf diese Weise hatte die lokale NSDAP versucht, den Nachwuchs der Kirche zu entziehen und die Christengemeinde auszutrocknen. Pastor Firnhaber besuchte etwa fünf parteinahe Familien, um sie davon zu überzeugen, von dieser Praxis abzukommen.[74] Vor diesem Hintergrund kam es zu einem Streit, bei dem der Pastor dem Führer der Hitlerjugend eine Ohrfeige verpasste. Daraufhin strengte der stellvertretende Kreisleiter Richard K. die Ablösung des Pastors an und drohte ihm mit Kon-

---

[74] Archiv der Kirchengemeinde Hänigsen. Archiv der Superintendentur Burgdorf. Personalakte Pastor Firnhaber.

zentrationslager. Daraufhin meldeten sich jedoch Stimmen im Ort, die den Pastor verteidigten und die Ohrfeige "als zu recht gegeben" bewerteten und die Sache verlief im Sande. Die Landeskirche stand nicht hinter Firnhaber und forderte ihn auf, Hausbesuche bei Parteileuten zu dieser Sache in Zukunft zu unterlassen. Richard K. war nach 1945 schnell ins Visier der britischen Ermittler wegen der Exekutionen in Uetze gekommen, aber er konnte keines Verbrechens beschuldigt werden. Richard K. hatte der Bauwirtschaft sehr nahe gestanden. Das größte Vorhaben der nationalsozialistischen Zeit im Landkreis Burgdorf war das "Große Siedlungsbauprogramm" gewesen, das seit 1938 bei der Bezirksregierung Lüneburg in Vorbereitung war.[75] Dieses versprach der hiesigen Bauwirtschaft mit 1.000 neuen Siedlerstellen ein Riesengeschäft. Richard K., bislang Bediensteter der Kreisverwaltung, war am 30. Juni 1935 in die Kreisleitung der NSDAP aufgerückt.[76] Der Landkreis Burgdorf beschäftigte sich seit den frühen 30er Jahren mit Themen zu Luft- und Feuerschutz aber auch mit Angelegenheiten der Elwerath und auch mit der Turnhalle, in der später die Misshandlungen stattfanden. Insgesamt lag der Schwerpunkt bei aufwendigen Baumaßnahmen in der Kreisstadt Burgdorf selbst. Die NSDAP-Kreisleitung machte Politik für die lokale Bauwirtschaft und das Handwerk. Die Ausbildung von Lehrtrupps für den Luftschutz stand im September 1935 auf der Tagesordnung des Kreisausschusses. Für den Bau der Elwerath-Straße an der Celler Kreisgrenze von der Celler Chaussee durch Gemarkungen Ehlershausen und Obershagen zum Betriebsgelände der Elwerath in Nienhagen gab der Landkreis Burgdorf einen Zuschuss. 3.000 Reichsmark spendete dagegen die Elwerath dem Landkreis Burgdorf zur Verwendung im Rahmen des Winterhilfswerks. Zuschüsse zur Beschaffung von leistungsfähigen Motorspritzen für diverse Wehren im Landkreis wurden bewilligt.

---

75 Archiv der Region Hannover/ Neustadt am Rübenberge. KABU Nr. 21.
76 Archiv der Region Hannover/ Neustadt am Rübenberge. KABU Nr. 21. (Protokolle des Kreisausschusses).

Der Bau der Umgehungsstraße für Burgdorf im Zuge der Neuausweisung der Reichsstraße 188 von Hannover zum neuen Volkswagenwerk in Wolfsburg und weiter an den Berliner Großraum heran wurde für 1936 angekündigt. Im November 1935 begann der Umbau der Dienstwohnung des Landrates zum Landratsamt sowie auch für Räume der NSDAP-Kreisleitung. Die Kosten betrugen bis zuletzt 65.000 Reichsmark. Der Ausbau des Kinderhortes Burgdorf wurde mit 2.500 Reichsmark im Januar 1936 bezuschusst, der Ausbau der Berufsschule für 15.000 Reichsmark im April 1936. 2000 Reichsmark gab es für den Ausbau des Sportplatzes Burgdorf (Kreissportfeld an der Sorgenser Straße) am 9. Mai 1936. Für Bau der Berufsschule weitere 7.500 Reichsmark. 7.200 Reichsmark gab der Landkreis zum Bau des Heimes der Hitlerjugend in Arpke im September 1937. Der Bau von Kleinsiedlerstellen im Dammgartenfeld wurde auf den Weg gebracht. Für den Landkreis wurde die Beschaffung eines Krankenwagens beschlossen und auch der Bau eines Heimes für die Hitlerjugend in Ilten bezuschusst. Die Einweihung des ausgebauten und renovierten Landratsamtes erfolgte am 14. Dezember 1937. Der Ausbau der Turnhalle im alten Burgdorfer E-Werk wurde mit zweimal 1.000 RM unterstützt, ebenso der Ausbau der Berufsschule im E-Werk. Radfahrwege wurden angelegt. Die Ankündigung des Großen Siedlungsbauprogramms für den Landkreis Burgdorf mit dem Bau von 1.000 Siedlerstellen wurde angekündigt. Die Planungen hierzu erfolgten bei der Bezirksregierung und der Gau-Planungsbehörde Osthannover. Dies war möglich geworden, weil dieselbe Behörde gleichzeitig die aufwendigen Entwürfe für die am Reißbrett geplante Stadt des KDF-Wagen in Wolfsburg fertigte. Ein großer Teil der Gemeinden im Landkreis sollte Neubaugebiete erhalten.[77] Für diese war bereits der Typ Häuser vorgesehen, der nach dem Krieg für Vertriebene in großer Zahl gebaut werden sollte. Bereits bis zum Jahr 1939 waren die ersten Siedlerstellen, die mit großen Gärten den Selbstversor-

---

[77] Hauptstaatsarchiv Hannover. Hann. 180 Lbg. III Acc. CL Nr. 235.

gungsgrad der Bevölkerung anheben sollten, bezugsfertig. Für die Stadt Burgdorf waren der vollständige Abriss der Altstadt und die Bebauung mit modernen Häusern im Stil der Zeit vorgesehen, ebenso eine Berufsschule sowie der Bau der Südstadt als Gartenstadt in konzentrischen Halbkreisen mit Sportarena. 1943 waren die Zeichnungen dafür fertig, ebenso der Trassenverlauf für die Umgehungsstraße der Reichsstraße 188, die von Heeßel aus unterhalb der Reichsbahn durch den Stadtpark führen sollte. So gab es im Landkreis Burgdorf einen einflussreichen Personenkreis, der von der nationalsozialistischen Politik zu profitieren hoffte. Unmittelbar nach Kriegsende prüfte die Bezirksregierung Lüneburg die Umsetzbarkeit der Pläne und so gelang es dem Landkreis Burgdorf weitaus schneller als anderen, eine enorme Anzahl von Flüchtlingen und Vertriebenen zu intergieren und dauerhaft zu binden, wobei sich die Einwohnerzahl gegenüber der Vorkriegszeit verdoppelte. In gewisser Weise stand die Infrastruktur-Offensive in der Tradition der Politik des Landkreises Burgdorf seit dessen Bestehen im Jahr 1885. Siedlungspolitik, also die Förderung und Neuansiedlung von Kleinbauern war bereits vor dem Ersten Weltkrieg ein vieldiskutiertes Thema gewesen, nachdem es zu einem Verfall der Bodenpreise, Landflucht und der Aufgabe von Höfen gekommen war. Der Chausseestraßenbau und der Plan für eine eigene kreiseigene Eisenbahn standen ebenso im Fokus, wie Gründung und Förderung von Genossenschaften auf mehreren wirtschaftlichen Feldern. Nach der Reichsgründung 1871 und der Einführung der ersten einheitlichen deutschen Währung, die den ersten großen Börsenboom und einen enormen Industrialisierungsschub bewirkt hatte, profiierten auch die Landwirte im Burgdorfer Land, indem sie Anteileigner der Zuckerfabriken und Förderzinsberechtigte im Bergbau wurden. Schon 1906 bekümmerte den Landkreis Burgdorf die Tatsache, dass "der Betrieb der Irren- und Bekloppten-Anstalten" einen immer größeren Teil des Kreishaushaltes auffraß.[78] Wohin in Zukunft mit den vielen "Irren", war eine vieldiskutierte Frage. Zu den "Irren" zählte man damals nicht nur Menschen mit geistiger Behinderung sondern auch Patienten, die nach Bleivergiftung, Drogen- und schwerem Alkoholmissbrauch sowie im Endstadium der Syphilis-Erkrankung um den Verstand gekommen waren, als auch Demente. Nun fehlte dem Landkreis das Geld für den Ausbau der Burgdorfer Kreisbahn. In der nationalsozialistischen Zeit drängte der Landkreis Burgdorf dann darauf, dass die "Geisteskranken" künftig nunmehr verstärkt zu Hause von Angehörigen zu betreuen seien und gewährte dafür den betroffenen Familien von 1936 an auf individuellen Antrag eine Unterstützung. Das psychiatrische Krankenhaus Wahrendorff in Ilten sollte vielmehr der Gesundung von Patienten mit Nervenleiden vorbehalten bleiben und künftig keine "Geisteskranken" mehr aufnehmen.[79] Das sollte den Kreishaushalt entlasten. Hier hatte man also mehr den Wunsch nach einem Sanatorium im Sinn, das aus dem Blickwinkel der "Volksgesundheit" nützlicher erschien als die aussichtslose Betreuung von "Schwachsinnigen". Wie der Landkreis Burgdorf dann während des Krieges das Euthanasie-Programm bewertete, ist nicht überliefert. Aus den Stellungnahmen des Generalstaatsanwaltes in Celle jedoch ist zu entnehmen, dass kein anderes Thema der Nationalsozialisten die Bevölkerung so sehr in Unruhe versetzte und auf Ablehnung stieß, wie die gezielte Tötung "lebensunwerten Lebens". So kulminierten während der nationalsozialistischen Zeit im Landkreis Burgdorf eine ganze Reihe Themenfelder, über die schon Jahrzehnte zuvor diskutiert worden war.

Obwohl überwiegend landwirtschaftlich geprägt, existierten im Landkreis Burgdorf diverse Industrien und auch etliche große Betriebe, die während des Krieges "kriegswichtig" wurden. Wichtige

---

[78] Archiv der Region Hannover. KABU Nr. 449.
[79] Archiv der Region Hannover. KABU Nr. 21. Protokolle des Kreisausschusses 1934-1940.

Fernstrecken der Eisenbahn kreuzten hier und insbesondere Handwerk und Bauwirtschaft hofften auf einen Modernisierungs- und Investitionsschub. Aus Berlin gab es seit dem Olympia-Jahr 1936 Förderung für den Sportstättenbau. Es existierte eine bürgerliche Basis, ein Unternehmertum, auch eine gebildete Schicht, deren Kinder die Gymnasien in Celle oder Hannover besuchten. Auch in der Provinz gab es bereits eine überraschende gesellschaftliche Mobilität. So wundert es nicht, dass aus dem Gebiet des Landkreises Burgdorf auch Menschen hervorgingen, die in der NS-Zeit prominent wurden oder eine "Karriere" machten. Denn der Nationalsozialismus war nicht nur Ideologie an sich sondern diente den Anhängern vorrangig dazu, über den Parteiapparat den beruflichen Aufstieg abzusichern. Andere wurden dabei gezielt verdrängt.

So ergaben sich diametral entgegengesetzte Lebensläufe. Aus Lehrte stammte der jüdische Dramaturg und Regisseur Kurt Hirschfeld (1902-1964). Von 1930 an am Theater in Darmstadt beschäftigt, verlor er im Jahr der Machtübernahme 1933 seine berufliche Basis. Er emigrierte und seine bedeutendsten Inszenierungen gelangen ihm im Exil in der Schweiz, wo er für viele Jahre das fortschrittlichste und modernste deutschsprachige Gegenwartstheater bot.[80] In Burgdorf aufgewachsen war Rudolf Bockelmann (1892-1958), Star-Bariton seit den 20er Jahren und während der NS-Zeit der populärste Wagner-Interpret für die Rolle des Hans Sachs sowie des Wotan. Er sang jede Saison über in Hitlers Bayreuth, auch zur Krönung von König Georg VI. 1936 in London, gastierte in Chicago und gelangte in die Liste der "gottbegnadeten" Künstler von Joseph Goebbels.[81] Bockelmanns Karriere hatte im Kirchenchor von St. Pankratius in Burgdorf begonnen. Als Heldenbariton an der Berliner Staatsoper ließ er sich vom Direktor der Burgdorfer Konser-

---

[80] Doris Beckmann. Kurt Hirschfeld. Dokumente und Texte zur Ausstellung Lehrte 1985.

[81] Berndt W. Wessling. Verachtet mir die Meister nicht. Rudolf Bockelmann. Eine Biographie. Celle 1963.

venfabrik noch während der Kriegsjahre zur Saison mit tagesfrisch gestochenem Burgdorfer Spargel via Expresszug beliefern.[82] Das Burgdorfer Kreisblatt verfolgte damals jeden Schritt seiner Karriere. In Briefen, die er an Weggefährten, wie den Direktor des Werkes Wülfel der Burgdorfer Konservenfabrik über viele Jahre hinweg geschrieben hatte, spricht er immerzu vom Fortgang seiner Karriere und seinen Bühnenerfolgen. Was um ihn herum in der Welt geschah, schien er kaum wahrzunehmen. Erst nach dem Krieg reflektierte er selbstkritisch seine allzu große Nähe zu Machthabern. Bockelmann machte Shakehands mit Italiens Diktator Benito Mussolini (1883-1945), NS-Außenminister Joachim von Ribbentrop (1893-1946) und sang auch vor dem später als Kriegsverbrecher verurteilten Reichsverteidigungskommissar für die Ukraine, Erich Koch (1896-1986). Auf der anderen Seite soll Rudolf Bockelmann einige jüdische Berufskollegen, die emigrieren mussten, finanziell im Exil unterstützt haben, wie den später in New York erfolgreichen Leopold Sachse und Rudolf Deman, den Ehemann der Sopranistin Frida Leider. In den 50er Jahren nahm Rudolf Bockelmann eine Professur in Dresden an, nachdem er in Westdeutschland wegen seiner NS-Popularität keine feste Anstellung mehr erhalten hatte. Einen seiner letzten Auftritte hatte er in der Celler Union, wo er von alten Weggefährten aus dem Burgdorfer Land umjubelt wurde.

Aus Burgwedel stammte Wehrmachts-General Otto Wöhler (1894-1987), in Nürnberg im OKW-Prozess verurteilter Kriegsverbrecher, der später von der Bundesrepublik Deutschland rehabilitiert wurde. Das Militärtribunal hatte ihm nachgewiesen, dass er es der Einsatzgruppe der SS während des Eroberungskrieges gegen die Sowjetunion 1941 jeweils ermöglicht hatte, im gerade von der Wehrmacht erkämpften Gebiet nachzurücken, um sofort die jüdi-

---

[82] Briefwechsel zwischen Rudolf Bockelmann und Walter Ohk, dem Direktor des Werkes Wülfel der Burgdorfer Konservenfabrik.

sche Bevölkerung zu liquidieren.[83] Wöhler wurde vorgehalten, er habe der Einsatzgruppe die Gebiete jeweils konkret zugewiesen.[84] Belastend wirkte sich bei der späteren Verurteilung Wöhlers die Aussage des Befehlshabers der Einsatzgruppe D, Otto Ohlendorf (1907-1951), aus, der eigentlich ein Entlastungszeuge für Otto Wöhler hätte sein sollen. Der in Hoheneggelsen geborene Otto Ohlendorf soll für die Ermordung von 90.000 Menschen verantwortlich gewesen sein und war bereits im Einsatzgruppen-Prozess zum Tode verurteilt, als er seine Aussage machte. Darin belastete er Otto Wöhler, indem er sagte, er sei davon ausgegangen, dass Wöhler über das Programm zur Ermordung der Juden Bescheid gewusst habe. Ohlendorf hatte im Einsatzgruppen-Prozess bereits die Öffentlichkeit schockiert, nachdem er emotionslos Details der Massenmorde schilderte und auch weitere Angeklagte damit belastete. Daneben hatten auch entlastende Momente für eine distanzierte Haltung Otto Wöhlers gegenüber den Einsatzgruppen gestanden. Wöhler soll angewiesen haben, dass sich Wehrmachtseinheiten nicht an den Massenerschießungen der jüdischen Zivilbevölkerung beteiligen sollten. Otto Wöhler wurde 1948 zu acht Jahren Haft verurteilt, wurde aber bereits 1951 entlassen und rehabilitiert. Er wohnte danach wieder in Burgwedel und war langjähriges Ratsmitglied sowie vielfältig ehrenamtlich engagiert im öffentlichen Leben.

Am Ende des Zweiten Weltkriegs stand im Landkreis Burgdorf der Mann an der Spitze, der einmal das frühe Idol der "Hitler-Bewegung" gewesen war. Er hatte 1920 das literarische Werk verfasst, das eine nahezu euphorische, berauschende Apokalypse des

---

[83]   Götz Aly. Die Verfolgung und Ermordung der europäischen Juden durch das nationalsozialistische Deutschland 1933-1945. Herausgegeben im Auftrag des Bundesarchivs. München 2008. Seite 764. Robert Max und Wasilii Kempner. Eichmann und Komplizen. Zürich, Stuttgart, Wien 1961. Seite 387.

[84]   Andrej Angrick. Besatzungspolitik und Massenmord. Die Einsatzgruppe D in der südlichen Sowjetunion 1941-1943. Hamburg 2003.

modernen Krieges schilderte und als eine multiple Sinneswahrnehmung diesen scheinbar zu verherrlichen schien. Vielleicht aber auch war das Werk der persönliche Versuch gewesen, ein menschenverachtendes Gemetzel, ein Trauma zu verarbeiten. Der Schriftsteller Ernst Jünger (1895-1998), Veteran des Ersten Weltkrieges und Autor des expressionistischen Erlebniswerkes über die Materialschlacht an den Fronten "In Stahlgewittern" hatte im April 1945 die Verantwortung für den Burgdorfer Volkssturm zur Abwehr der amerikanischen Truppen übernommen. In Burgdorf hatte er das Vorgehen detailliert mit allen Beteiligten beraten. In seinem Wohnhaus in Kirchhorst leistete er dann jedoch am selbigen Tage passiven Widerstand, indem er hinter der Gardine seines Wohnzimmers stehen blieb und einfach nur zusah, wie die Amerikaner in den Landkreis Burgdorf hineinmarschierten.[85] In seinen "Kirchhorster Blättern", einer Art Tagebuch, notierte er 1945, die letzte politische Realität im Burgdorfer Land sei ohnehin das Welfentum gewesen. Dieses war 1866 mit der Annektierung des Königreiches Hannover durch Preußen von der Bildfläche verschwunden und fand danach in der zeitweilig verbotenen Welfenpartei der königstreuen Hannoveraner Ausdruck, die sich bis in die 20er Jahre hartnäckig bei Wahlen zum Reichstag im zweistelligen Bereich im Landkreis Burgdorf behaupten konnte und die Unabhängigkeit der Provinz Hannover von Preußen verlangte.

In Celle geboren war einer der zynischsten und berüchtigten Juristen und Charaktere der NS-Zeit. Roland Freisler (1893-1945) war seit August 1942 Präsident des Volksgerichtshofs. In seine Zeit fielen 5.000 Todesurteile. Allein 2.600 entfielen auf den durch ihn selbst geführten Ersten Senat.[86] Etwa 90 Prozent aller Verfahren endeten mit Todesstrafe. Der Volksgerichtshof war 1934 eingerichtet worden zur Ahndung von Hochverrats- und Landesverratsde-

---

[85] Ernst Jünger. Kirchhorster Blätter. München 1966.
[86] Helmut Ortner. Roland Freisler. Mörder im Dienste Hitlers. Neuauflage Springe 2012.

likten. Später kamen alle Vorkommnisse hinzu, die unter der Rubrik Staatsschutz betrachtet werden konnten. So zeigt sich an Biographien karriereorientierter Männer, wie auch die Bevölkerung der eher ländlich geprägten Provinz verflochten war mit dem Gedankengut der nationalsozialistischen Weltanschauung, die diametral entgegengesetzt zum überlieferten christlichen Menschenbild der Nächstenliebe das aus dem Sozialdarwinismus abgeleitete, scheinbar naturgegebene Recht des Stärkeren durchzusetzen verstand.

Ernst Schulte aus Weferlingsen wurde von Hermann K. und Herbert B. 1944 brutal geschlagen und in das KZ Sachsenhausen überstellt. Schulte hatte einem untergetauchten jüdischen Bürger aus dem Harz in Weferlingsen Unterkunft gewährt. Aus Sachsenhausen kehrte Ernst Schulte nicht zurück.
© Familie Ernst Schulte

5. Weitere Gestapo-Verbrechen

5.1. Die Verhaftung von Ernst Schulte in Weferlingsen

Am 30. August 1944 verhafteten die zwei Angeschuldigten Hermann K. und Herbert B. in Weferlingsen den 66 Jahre alten Kaufmann Ernst Schulte. Dieser hatte einem jüdischen Bürger namens Dr. F. aus Bleicherode mehrere Wochen Unterkunft gewährt und ihm Arbeit und Verpflegung geboten. Darüber hinaus sollte er angeblich 30 Kisten "Evakuierungsgut" des unter falschem Namen lebenden Dr. F. verwahrt haben. Als Schulte nach seiner Festnahme erklärte, er wisse nicht, wem die Kisten gehörten, wurde er von dem Angeschuldigten Hermann K. ins Gesicht geschlagen. Bei der Vernehmung wurde Schulte in übelster Weise beschimpft und bedroht und ihm in Aussicht gestellt, dass er nicht wieder nach Hause komme sondern aufgehängt werde. Zeugin war die Besitzerin des Hauses, in dem er wohnte. Als Nachbarn Schulte vor dem Abtransport noch einige Eier zu essen gaben, bemerkte der angeschuldigte B. zynisch, dies seien die letzten Eier, die dieser esse. Drei Monate über wurde Schulte im Gerichtsgefängnis der Gestapo Celle festgehalten. Eine letzte Nachricht sandte er am 28. Januar 1945 aus dem Konzentrationslager Sachsenhausen. Das Schicksal von Dr. F. wurde 1950 im Schwurgerichtsverfahren in Lüneburg nur kurz zu Sprache gebracht. Dieser war zum Zeitpunkt der Verhaftung Ernst Schultes schon in Auschwitz, überlebte das Konzentrationslager und arbeitete 1950 in Hannover.

Aus Weferlingsen hatte Hilda E., geboren am 5. Mai 1901 in Arpke am 30. Juni 1947 aus über Hermann K. und Herbert B. zu Protokoll gegeben: "K. und sein zweiter Beamter, der angeblich B. heißen sollte, erschienen hier am 30. August 1944 und verhafteten den bei uns seit 1938 wohnhaften Kaufmann Ernst Schulte, 66 Jahre alt, mit der Begründung, er habe einem Juden, der sich, um seinem furchtbaren Schicksal zu entziehen, verborgen hielt, einige Wochen bei sich aufgenommen und ihm Arbeit und Verpflegung gegeben. Der Jude, ein Dr. F., wurde schon einige Wochen früher von hier abgeholt und verhaftet, ist aber nach dem Zusammenbruch aus dem KZ-Lager Auschwitz zurückgekehrt. Von Schulte fehlt bisher jede Spur. Schulte wurde bei der Verhaftung sehr grob behandelt. Er wurde zunächst in das hiesige Gemeinde-Spritzenhaus eingesperrt und sein gesamtes Eigentum eingehend durchsucht. Hierauf wurden mein Mann und ich betreffs der Sache vernommen. Als die Beamten nicht belastendes feststellen konnten, holten sie Schulte aus dem Spritzenhaus zurück. Bei dem nun folgenden Verhör sollte Schulte eingestehen, dass etwa 30 Kisten, die Bombengeschädigten aus Hannover gehörten, nicht diesen sondern dem Dr. F. gehörten.

Als Schulte nun sagte, dass er nicht wisse, wem die Kisten gehörten, gab K. dem Schulte einen Schlag ins Gesicht und behauptete dann noch mit großer Frechheit, dieses sei nicht wahr, er habe ihn nicht geschlagen, auch stellte er Schulte als Lügner hin. Anschließend verlangte er von Schulte, die schweren Kisten allein nach oben ins Haus in sein Zimmer zu tragen. Da dieses allein nicht möglich war, durfte ihm auf meine Veranlassung hin eine bei uns arbeitende Polin helfen. Hierauf wurde Schulte noch mal verhört und von beiden Beamten mit harten Worten angegriffen. Unter anderem bezeichneten sie Schulte als großen Verbrecher, er würde aufgehängt werden und käme nicht wieder zurück. Als ich Schulte vor seinem Abtransport noch Setzeier zu essen gab, sagte der Beamte B. zu Schulte: Dies sind die letzten Eier, die sie essen." Nachher wurde noch wiederholt von dem K. betont, er kommt nie wieder. Als sich Schulte dann noch wegen irgendetwas verantwortete, wollten ihn die beiden Beamten mit einer Axt erschlagen.

Aus all diesen Behandlungen hatten wir den Eindruck, dass Schulte vernichtet werden sollte, welches wahrscheinlich auch geschehen ist, da bisher keinerlei Lebenszeichen von Schulte mehr ge-

kommen ist. Schulte war drei Monate im Gerichtsgefängnis Celle, dann kam er ins KZ Sachsenhausen bei Oranienburg, von welchem er noch einmal schrieb. Die letzte Post datiert vom 28. 1. 1945."
Die Staatsanwaltschaft hatte aufgenommen, dass Schulte zur Geständniserpressung vom Angeklagten K. geschlagen worden sei. Das Gericht folgte der Zeugenaussage der Hilda E. aus Weferlingen und hielt diese für glaubwürdig.

5.2. Verurteilungen über Gerichte, Denunziationen und Überstellungen in KZ

Doch auch jenseits der rechtlosen Gestapo-Aktionen verschwanden zahllose Menschen wegen Bagatellen über Urteile ordentlicher Gerichte im Celler Zuchthaus, in dem zum Kriegsende hin mehr als 300 Menschen infolge unbeschreiblicher hygienischer und menschenverachtender Zustände ihr Leben verloren. Allein im Jahr 1944 verstarben mindestens 87 Häftlinge,[87] bis zum 15. April 1945 weitere 228.[88] Das Celler Zuchthaus, seit 1934 auch "Sicherungsanstalt" und somit politisches Gefängnis, nahm nicht nur Verurteilte aus dem Bezirk Lüneburg auf sondern aus weiten Landesteilen insbesondere auch aus Hannover. Der damals 45 Jahre alte Tscheche Johann Omanik, der seit 1940 im Güterumschlag des Lehrter Bahnhofs arbeitete und im Lager Ida lebte, wurde am 26. Februar 1944 mit einer Schachtel Zigaretten erwischt, die er aus einem offenen Paket im Expressgutwagen Nr. 27 nach Magdeburg entwendet hatte. Anklage erhob die Oberstaatsanwalt Hannover und Omanik wurde zu zehn Monaten Zuchthaus verurteilt, die er in Celle verbüßen musste.[89] Ebenfalls wegen Eisenbahndiebstahl

---

[87] Hauptstaatsarchiv Hannover. Hann. 86. Celle Acc. 142/90. Gefangenenpersonalakten.

[88] Mijndert Bertram. Celle – Eine deutsche Stadt vom Kaiserreich zur Bundesrepublik. 1. Band. Das Zeitalter der Weltkriege. Celle 1992.

[89] Hauptstaatsarchiv Hannover. Hann. 86 Celle Acc. 142/90 Nr. 44/0114., Nr. 2131, Nr. 4637. Nr. 44/114.

am Bahnhof in Lehrte wurde der 1944 22 Jahre alte Niederländer Etjo Nuyen zu Zuchthaus verurteilt. Er starb in Celle während der Haft.[90] Der 63 Jahre Milchverteiler Johann Schokal aus Burgdorf war von der Oberstaatsanwaltschaft Hannover im September 1944 wegen Kriegswirtschaftsverbrechen angeklagt und zu zwei Jahren Zuchthaus verurteilt worden. Man sah es als erwiesen an, dass er über ein halbes Jahr hinweg 3.000 Liter Vollmilch der Burgdorfer Molkerei mit Wasser verdünnt und somit täglich 20 Liter Vollmilch zur freien Verfügung abgezweigt habe. Als "Volksschädling" sollte er eine zweijährige Strafe im Celler Zuchthaus verbüßen. Dort starb er am 4. April 1945.[91]

Über das Celler Gerichtsgefängnis dagegen überstellte Hermann K. Verhaftete in Konzentrationslager während der letzten Kriegsphase.

Von 1935 bis zum Ausbruch des Zweiten Weltkrieges war die Zahl der in KZ überführten Personen mit 27 relativ niedriggeblieben. In den letzten vier Monaten des Jahres 1939 folgten weitere 15 Fälle. Während der militärischen Erfolge und der scheinbar stabilen Lage in den besetzten Ländern, blieb es auch im Regierungsbezirk Lüneburg relativ ruhig. 1940 registrierte das Gerichtsgefängnis 20 Einweisungen in Konzentrationslager, 1941 12 und 1942 27. Erst nach der Niederlage von Stalingrad und dem forcierten Einsatz von immer mehr ausländischen Arbeitskräften im Gebiet des Altreiches, stieg die Zahl drastisch an. 1943 gelangten über Celle 55 Menschen in KZ, 1944 schon 194, und 210 waren es während des ersten Quartals 1945 bis einschließlich 5. April.[92] Von Celle aus gab es Überstellungen in Sammeltransporten oder einzeln nach Sachsenhausen, Neuengamme, Buchenwald und Ravensbrück. Am 20. Dezember 1943 wurde erstmals eine Arbeiterin aus Polen nach

---

[90] Hauptstaatsarchiv Hannover. Hann. 86 Celle Acc. 142/90 Nr. 0264.
[91] Hauptstaatsarchiv Hannover. Hann. 86 Celle Acc. 142/90 Nr. 2584. Sowie Hann. 86 Celle 142/90 Karteikarte Nr. 44/933.
[92] Mijndert Bertram. Celle – Eine deutsche Stadt vom Kaiserreich zur Bundesrepublik. Celle 1992, Seite 284f.

Auschwitz überwiesen. Von Februar 1944 bis Januar 1945 gab es neun Sammeltransporte nach Neuengamme, Ravensbrück und Auschwitz. Am 24. Februar 1944 waren 21 Zwangsarbeiter aus Osteuropa nach Neuengamme überführt worden, darunter auch die erst 16jährigen Männer Viktor Bojkow und Wladimir Korsikow. Am 11. August 1944 folgte die Einweisung von sieben polnischen Frauen und Ostarbeiterinnen nach Ravensbrück. Am 23. September überstellte das Gerichtsgefängnis weitere neun polnische Frauen und "Ostarbeiterinnen" nach Ravensbrück, von denen drei insgesamt fünf Kinder hatten. Bei der Turnhallen-Aktion in Burgdorf sollen sechs Frauen verhaftet worden sein. So wie die Männer mit einem Fahrzeug der Feuerschutzpolizei nach Neuengamme gefahren wurden, könnten die verhafteten Frauen alternativ ebenfalls mit einem LKW transportiert worden sein. Der Angeklagte Hermann K. hatte etwa am 9. Oktober 1944 mit persönlicher Unterschrift den Oberbürgermeister der Stadt Celle in der Eigenschaft als Ortspolizeibehörde angewiesen, Ernst Maier aus Pforzheim, Bürger jüdischen Glaubens, vom Gerichtsgefängnis in das "KL Auschwitz" überführen zu lassen.[93] Unter der Zeile "Vorgang" des Vordrucks hatte Hermann K. "ohne" eingetragen. Nachdem vor dem Hintergrund des drohenden Zusammenbruchs Verkehrsverbindungen in die Konzentrationslager unterbrochen waren, erfolgten Überstellungen sämtlicher Gefangenengruppen in das Arbeitserziehungslager Unterlüß, dessen Leitung zuletzt ebenfalls Hermann K. unterstand.

In seiner Aussage hatte Hermann K. seine Beteiligung an Einzelaktionen jeweils heruntergespielt und sich als weisungsbefugter Untergebener seines Vorgesetzten August W. betrachtet. Hermann K und auch Herbert B. wollten bei den Exekutionen von Polen nicht einmal Zeugen der Hinrichtung gewesen sein. Ihnen sei aufgetragen worden, sich um die Erbsensuppe im Gasthaus zu kümmern. Das klang, als seien sie lediglich im Rang von Laufburschen gewe-

---

93   Original abgedruckt bei Mijndert Bertram. Celle. Celle 1992, Seite 286.

sen. Zeugen, die Hermann K. bei der Exekution in Höfer im Kreis Celle erlebt hatten, schilderten sein Verhalten ganz anders.

Bei der Vorermittlung hatten Zeugen gesagt, der erst 18 Jahre alte Pole Stanislaus Mikolayczyk habe in Höfer Kontakt zu einer deutschen Frau gehabt, wobei es sich wohl nicht um ein wirklich intimes Verhältnis gehandelt habe und die Dame auch noch einen zweifelhaften Ruf im Ort genossen hätte und an der Affäre nicht unbeteiligt gewesen sei. Die Hinrichtung hatte in Höfer wohl zu einigem Unverständnis in der Bevölkerung geführt. Nach dem Krieg machten Zeugen hier weitaus konkretere Aussagen zu als etwa bei den vergleichbaren Hinrichtungen in Uetze. In Höfer erfolgte die Hinrichtung am 2. November 1942 mit dem mobilen Galgen in einem Wald. Alle am Ort arbeitenden Polen mussten ihre Arbeitsstellen verlassen und zu dem Wald hin marschieren. Der Leiter der Lüneburger Gestapo August W. verlas das Todesurteil. Der Dolmetscher der Lüneburger Gestapo übersetzte es für den Verurteilten und die 100 anwesenden Polen. Nachdem das Urteil vollstreckt worden war, bescheinigte der Arzt des KZ Neuengamme den Tod. Die anschließende Feier im Gasthof "Mariaglück", für die eigens aus Celle eine Lieferung Lebensmittel von der Stapo-Stelle veranlasst worden war, wurde von Zeugen als üppig und der Kriegszeit nicht angemessen beschrieben. Rauchwaren und Alkohol hätten sich die Beamten jedoch persönlich mitgebracht. Schockierend wirkte auf Beobachter, dass die Leiche vor dem Gasthaus während der gesamten Feier offen sichtbar geparkt blieb. Ein Zeuge sagte sogar, die Leiche sei unbekleidet gewesen. Eine Serv ierin des Gasthauses soll den Celler Dienststellenleiter Hermann K. direkt gefragt haben, ob er die Strafe nicht für zu grausam halte. Worauf dieser folgenden Satz geäußert haben soll: "Von dieser Sorte jeden Tag ein Dutzend. Das wird uns gar nicht zu viel."[94]

---

[94] Hauptstaatsarchiv Hannover. Nds. 721. Acc. 153/82. Nr. 284.

Hinrichtungen nach der Art Lynchjustiz sollten die polnischen Arbeitskräfte vor Ort einschüchtern. Deutsche Frauen erwartete in jedem Fall ein Strafverfahren. Auch für die heimische Bevölkerung sollten diese Hinrichtungen "erzieherisch" wirken. Nur zwei Monate vor der Exekution in Höfer hatte der "Niedersachsen-Stürmer" im September 1942 mit dem Beitrag "Das Volkstum der Heimat im Abwehrkampf" das Szenario einer von den Ausländern bedrohten heimischen Bevölkerung entworfen. Darin heißt es: "Da braucht man sich nicht zu wundern, dass, wenn wir einmal am Sonntagnachmittag durch den Kreis Burgdorf fahren, wir Zeuge davon sind, dass deutsche Kinder bei den französischen Kriegsgefangenen auf den Knien herumrutschen, oder dass ein ganzer Ort für eine Leistungszulage an die französischen Kriegsgefangenen eintritt, obwohl der Ortsgruppenleiter alles versuchte, diese Absicht zu vereiteln. Wenn irgendwo ein Pole seine Arbeit gut macht, was ja nur seine Pflicht ist, wird der gutmütige Bauer leicht weich und ist für Sonderwünsche empfänglich."[95]

Kriegsgefangene der Westalliierten unterlagen den Bedingungen der Genfer Kriegskonvention. Für sowjetische Kriegsgefangene galten diese nicht. Zivilarbeiter aus Osteuropa waren der Gestapo-Willkür überlassen. Tatsächlich aber arbeiteten in Berlin zwei diametral entgegengesetzte Kräfte gegeneinander. Während Fritz Sauckel und Albert Speer über die Deutsche Arbeitsfront bereits 1942 versuchten, immer mehr Ausländer auch aus Osteuropa für Berufe im Metallfach und der Elektrotechnik in Betrieben zu schulen und deren Vorkenntnisse zu nutzen, zielten das Reichssicherheitshauptamt, die Gestapo und zahlreiche kleine NSDAP-Funktionäre mit ihrer Wildwest-Willkür dem entgegen. Der Landbevölkerung wie im Landkreis Burgdorf war es nur schwer verständlich zu machen, weshalb ein sowjetischer Waldarbeiter eine andere Lebensmittelration erhielt als ein Franzose, weshalb für Belgier andere Regeln galten als für Polen. Die ablehnende Hal-

---

95   Niedersachsen-Stürmer vom 19. September 1942.

tung des Celler Generalstaatsanwalts zur Lynchjustiz und die Irritationen in der heimischen Bevölkerung hatten die Lüneburger Gestapo wohl schließlich veranlasst, auf Schauhinrichtungen von Polen zu verzichten. Es nahmen die Überstellungen in die Konzentrationslager zu. Das erregte nicht so viel Aufsehen. Die hiesigen Bauern waren an die Anwesenheit polnischer Erntehelfer seit dem 19. Jahrhundert gewöhnt gewesen. In der Zeit bis 1918, als polnische Kernlande Teile von Preußen gewesen waren, hatte der Zuzog von Polen insbesondere in die westdeutschen Industrieregionen den Charakter einer Massenzuwanderung gehabt. Weil nur wenige Menschen in den Westprovinzen damals eine Vorstellung davon hatten, wo deutscher Siedlungsraum im Osten von der Sprachgrenze her aufhörte und polnische Lande begannen, hatten viele Familien im nordwestdeutschen Raum Schwierigkeiten damit, weshalb sie Polen plötzlich anders gegenüber treten sollten als bislang.

Das Verfahren von 1950 war nicht das einzige, das zur Aufklärung von Verbrechen gegen die Menschlichkeit im Landkreis Burgdorf geführt worden war. In anderen Verfahren gegen örtliche Funktionäre konnten nicht so viele Zeugen benannt werden, um eine Annäherung an den Wahrheitsgehalt der Vorwürfe zu ermöglichen. In einer ganzen Reihe von Orten, wie in Lehrte, Ahlten, Sehnde oder auch Sorgensen hatten frühere Zwangsarbeiter vor den britischen Ermittlern Verbrechen gegen die Menschlichkeit angezeigt. Mitunter hatten die Gerichte jedoch Schwierigkeiten, aufzuklären, ob sich die Taten tatsächlich ereignet hatten oder reine Rachegelüste den Vorwürfen zugrunde lagen.

So war das Schwurgerichtsverfahren von 1950 eine bemerkenswerte Verhandlung, gerade auch vor dem Hintergrund der enormen Teilnahme der Öffentlichkeit und der vielen kritischen Stimmen insbesondere aus Hamburg. Weil Überstellungen in KZ und Hinrichtungen nach Art der Lynchjustiz nicht geahndet werden konnten, hatte sich die Anklage auf die vielfach bezeugten Fälle von Misshandlungen konzentriert und diese in Teilen erfolgreich beweisen können. So konnte hier wenigstens ein Teil der Willkür gesühnt werden. In unzähligen anderen vergleichbaren Fällen aus allen Teilen des deutschen Altreiches blieb das Handeln von Gestapo-Beamten gänzlich ungeahndet. Jedoch hatten auch Hermann K. und Herbert B. eine ganze Anzahl von Denunzianten zur Seite gehabt, die in den allermeisten Fällen erst die Ereignisse nach Celle und Berlin gemeldet hatten. Motive waren oft Rachsucht und Neid. Am Anfang stand also oft das Wort, die Denunziation, wie im Falle des Burgdorfer "Ukrainer-Aufstandes" die Information eines sowjetischen Arbeiters, der bei der angeblichen Verschwörung nicht hatte mitmachen wollen. In Uetze war es der Ärger von Landwirten über die Widerworte polnischer Landarbeiter und ihrer angeblichen Arbeitsverweigerung sowie eines Verhaltens, das als offenkundige Drohung aufgefasst worden war. Auch hier stand das Wort am Anfang. Das unbedachte Wort war tödlich. War das Wort auch schon Tat? So zeichnet sich stets eine Handlungs- und Ereigniskette ab, in der keiner der Beteiligten wirklich Verantwortung empfinden und tragen muss. Doch im Ergebnis haben alle zum Tod eines Menschen beigetragen. Denunziation lag auch dem Schicksal des im Schwurgerichtsverfahren erwähnten jüdischen Bankiers zugrunde, der sich 1944 in Weferlingsen versteckt gehalten hatte, und dem von Ernst Schulte geholfen worden war. Dr. F. war schon am 3. August 1944 in Dorf Weferlingsen verhaftet worden, nachdem er inkognito noch einmal nach Bleicherode hatte zurückkehren wollen. Eine Bekannte, Frau K. aus Bleicherode, hatte ihn am Bahnhof Ringelheim erkannt und ihn wenig später an die Polizei verraten. In Weferlingsen hatte er unter dem Namen Hermann Friedrichs gelebt. Dr. F. entstammte einer sehr angesehenen und alteingesessenen Familie in Bleicherode und war 18 Monate zuvor mit seiner Ehefrau untergetaucht.[96]

---

[96] Aus der unveröffentlichten Recherche von Dr. Dirk Schmidt zur Geschichte der jüdischen Gemeinde in Bleicherode im Zusammenhang der Dokumentation und Ausstellung in der „Alten Kanzlei" Bleicherode.

Damals hatte die Deportation der Eheleute F. unmittelbar bevorgestanden. Sie waren jedoch rechtzeitig gewarnt worden. Die Eheleute F. hatten 1934 in Hannover geheiratet. Er war dekorierter Kriegsteilnehmer des Ersten Weltkriegs. Am 27. Februar 1943 war an die Polizei Bleicherode die Weisung ergangen, das Ehepaar F. in Haft zu nehmen. Frau F. erhielt eine Vorladung vom Bürgermeister in Bleicherode. Sie war jedoch bei ihrer Mutter in Hannover zu Besuch. Dr. F. ging sonnabends auf das Rathaus. Dort wurde er telefonisch mit dem Kreisoberinspektor vom Landratsamts Nordhausen verbunden. Dieser erklärte ihm, dass er am kommenden Montag zusammen mit seiner Frau ins Konzentrationslager abtransportiert werden sollte. Einen Ausweg gebe es nicht mehr. Am selben Tag flüchtete Dr. F. und informierte seine Frau. Beide kamen am selben Tag beim Notar Dr. S. In Hannover unter. Sie konnten sich falsche Ausweise beschaffen. Er lebte fortan unter dem Namen Hermann Friedrichs, sie unter dem Namen Margarete Schuler. Dr. F. arbeitete anschließend bei Ernst Schulte in Weferlingsen, wobei bereits zu dieser Zeit neun Kisten und Koffer seines Eigentums lagerten. In der Zeit bis zum 3. August 1944 wechselte Dr. F. offenbar die Arbeitsstellen zwischen dem Betrieb in Weferlingsen und der Firma Götzinger und Krais in Hannover, bei der er als Hilfsarbeiter im Außendienst der Reichswerke Hermann Göring in Salzgitter tätig war. Vor seiner Verhaftung arbeitete er wieder bei Weferlingsen. Nach der Erklärung von Martha S. hatte Dr. F. von Juni bis November 1943 sporadisch in ihrem Haus in Berlin in der Steinmetzstraße 48 illegal gelebt. Frau F., die zwischenzeitlich bei ihrer Schwester in Hannover, bei Freunden und Bekannten wohnte, war vom 15. April 1943 bis 3. August 1944 bei einer Firma für Schreibwaren und Büromaschinen in der Ferdinand-Wallbrecht-Straße in Hannover tätig.
Im Juli 1944 befand sich Dr. F. auf der besagten Bahnreise. Er hatte noch einmal von Weferlingsen aus nach Bleicherode zurückkehren wollen, um dort etwas abzuholen. Wegen Fliegeralarm musste der

Zug am Bahnhof Ringelheim bei Hildesheim halten und die Passagiere mussten den Luftschutzkeller aufsuchen. Dort erkannte ihn eine Bekannte aus Bleicherode. Nach einer Woche ging sie zur Polizei, um Anzeige zu erstatten. Eine Großfahndung wurde ausgelöst. Am 3. August 1943 wurden beide auf ihren Arbeitsstellen in Weferlingsen und Hannover verhaftet. Auf diese Weise waren die Gestapo-Beamten K. und B. in Weferlingsen auch auf Ernst Schulte aufmerksam geworden. Die Eheleute F. kamen in das Gestapo-Gefängnis Hardenbergstraße. Zehn Tage später verbrachte man sie in das Gestapo-Gefängnis in Erfurt. Die Mutter von Frau F. konnte ihnen dort noch Wäsche hinbringen. Von Erfurt wurden beide nach Auschwitz überführt, wo sie am 6. und 7. September 1944 eintrafen. Dr. F. musste im Kanalbau arbeiten, wo er misshandelt wurde. Ihm wurden die Zähne ausgeschlagen. Frau F. wurde Anfang 1945 nach Bergen-Belsen verbracht, wo sie in Folge von Hunger und Entkräftung am 15. März 1945 starb. Dr. F. wurde von der Roten Armee in Auschwitz befreit. Wie alle durfte er das Lager nicht verlassen und arbeitete dort im Lazarett. Im Juli 1945 verließ er illegal das Lager Auschwitz. Er kehrte am 23. Juli 1945 nach Hannover zurück.[97]

So ist die Lebensgeschichte der Eheleute F. ein von beinahe unglaublichen Zufällen geprägtes Schicksal, in dem mehrfach Denunziation aber auch Hilfsbereitschaft von Mitmenschen einander abwechseln.

5.3. Die Verhaftung von Elisabeth Hartmann in Burgdorf

Es ist eine Geschichte von Liebe und Verrat, Gestapohaft, Hoffnung und Treue, die am 8. Mai 1945 - am Tag der Kapitulation Deutschlands - in Paris ihr Happy End fand. Die Liebe zwischen der jungen Sekretärin Elisabeth Hartmann und dem französischen

---

[97] Hauptstaatsarchiv Hannover. Nds. 700 Acc. 2001/087. Nr. 88.

Kriegsgefangenen Octave Le Boydre, die 1942 in Burgdorf ihren Anfang nahm, erscheint uns heute als auf die Stunde geborenes Symbol der Versöhnung und der Völkerverständigung. Es ist aber auch die Geschichte von zwei Menschen, die aneinander glaubten und sich auch nicht von der Polizei des Terror-Staates einschüchtern lassen wollten. Erblüht im Augenblick des Untergangs, hielt diese Liebe ein Leben lang. Am Tag des Einmarschs der Amerikaner am 11. April 1945 schritten Octave und Elisabeth Hand in Hand in eine neue Zeit. In Chatenay-Malabry bei Paris erinnerte sich das Paar in Paris im Jahr 2005 an diese Zeit und autorisierte die hier wiedergegebene Geschichte.

Alles begann 1942 mit einem flüchtigen Blickwechsel. Die damals 21jährige Elisabeth war im Büro der Genossenschaft in Burgdorf als Stenotypistin und Sekretärin beschäftigt. Die befand sich vor dem Hannoverschen Tor - damals Adolf-Hitler-Straße - in dem mächtigen Backsteingebäude, das viel später als Diskothek Black Horse bekannt werden sollte. Bisweilen kam sie bei Botendiensten auf dem Weg zum Chef auch durch die Garage der Werkstatt für Landmaschinen am Bahnhof. Dort arbeitete der gleichaltrige Octave, französischer Kriegsgefangener, zur Arbeit nach Burgdorf abkommandiert durch das sogenannte Stammlager XIB in Fallingbostel. Die Kontaktaufnahme von Deutschen zu Kriegsgefangenen war unerwünscht, die Liebe gegen Strafe verboten. Die Blicke zwischen Elisabeth und Octave wurden länger, ihre Begegnungen häufiger. Sie sahen sich nur während der Arbeit. Doch auch einige freundliche Worte waren schon zu viel: "Es war eine gefährliche Zeit und wir haben auch so mit dem Feuer gespielt", erinnert sich Elisabeth Le Boydre.

Lange ging diese platonische Liebe - von der niemand erfahren durfte - gut. Paris war längst befreit, die Amerikaner standen vor dem Rhein, als Elisabeths beste Freundin ihr Geheimnis nicht länger für sich behalten wollte. Um Weihnachten 1944 wurde Elisabeth in Burgdorf von der Gestapo verhaftet: "Wir wurden getrennt eingesperrt", erzählt Elisabeth Le Boydre. Sie erwartete Untersuchungshaft in Celle, Octave kam in das Stammlager der französischen Kriegsgefangenen nach Fallingbostel zurück. Doch war es wohl nicht nur der Verrat dieser Freundin allein. Octave hatte zuvor schon Ärger mit der Gestapo und war während der Aktion im so genannten Ukrainer-Aufstand im Juni 1944 schon einmal verhaftet worden. Damals wurde eine angebliche sowjetische Terrorzelle ausgehoben, die Waffen gesammelt und Überfälle geplant haben soll. Ein deutscher Arbeiter hatte Octave eine unzureichende Arbeitsleistung vorgeworfen, und wohl um sich wichtig zu machen, bei dem deutschen Wachmann des Kriegsgefangenenkommandos gleich mit angeschwärzt. Octave Le Boydre ist der einzige Franzose, der wie 70 Ukrainer und Russen in der Burgdorfer Turnhalle mit dem Knüppel geschlagen, misshandelt und unter Wasser getaucht worden war. Ein schwerer Verstoß gegen die Genfer Kriegskonvention. Für zivile Osteuropäer galt diese ohnehin nicht. 40 Verhaftete waren in das KZ Neuengamme gekommen. Octave kehrte nach vier Tagen in die Maschinenwerkstatt zurück. Doch derselbe deutsche Arbeiter bestätigte später diensteifrig dem Direktor der Genossenschaft, dass Elisabeth immer mit dem Franzosen aus der Werkstatt plaudert. Dies reichte schon als Beweis für eine Verhaftung aus.

Im Celler Gefängnis traf Elisabeth auf Menschen, die sie über das nahe Kriegsende auf dem Laufenden hielten. Nach sechs Wochen wurde Elisabeth plötzlich entlassen. Die Freundschaft ihres Vaters zu einflussreichen Burgdorfern, wie zu dem Arzt Dr. Cölle, vielleicht seine Stellung auf dem Arbeitsamt, hatten ihre Freilassung möglich gemacht. Das Kriegsende erlebte sie in Burgdorf. Sie hat noch heute den Bürgermeister vor Augen, wie der den GIs mit weißer Fahne entgegen ging und ihren Jeep bestieg. Die Amerikaner hatten die großen Kriegsgefangenenlager in der Heide gerade befreit, da machte sich Octave zu Fuß auf nach Burgdorf - hin zu seiner Elisabeth. Für sie kam das für immer verloren geglaubte

Glück am Tag der Befreiung unerwartet zurück. Gemeinsam mit mehreren Franzosen und einer jugoslawischen Arbeiterin, die in Burgdorf in einem Gemüseladen gearbeitet hatte, brachte sie ein hiesiger Bauer mit dem Pferdewagen nach Celle. In den Wäldern waren noch SS-Leute, die sich vor den Amerikanern um Ehlershausen versteckt hielten. "Das war gefährlich, aber passiert ist uns nichts'", erinnerte sich Elisabeth Le Boydre im Mai 2005. Auf dem Celler Militärflugplatz erreichte die Gruppe schließlich eine amerikanische Dakota, die französische und belgische Kriegsgefangene in die Heimat nach Brüssel ausfliegen sollte: "Come here! French Girl?', fragte mich der GI". Und ich sagte: ,Yes, French girl! Ich traute mich nicht zu sagen, dass ich Deutsche war". An Bord gab es Pellkartoffeln. Die Jugoslawin aus Burgdorf war auch mit dabei. Von Brüssel aus machten sich Octave und Elisabeth auf den Weg in die Heimat, zunächst mit dem Zug nach Lille. Am 8. Mai 1945 - dem Tag, an dem die Nazidiktatur kapitulierte - erreichten sie den Gare du Nord in Paris. "Mein Schwiegervater tobte. Ich wusste ja gar nicht, was die Deutschen alles in der Welt angestellt hatten." Doch dann schloss er sie in die Arme und nach einiger Zeit traf sogar die Rehabilitierung der deutschen Justiz als sogenannter "Freispruch" in Frankreich ein.

Elisabeth Hartmann aus Burgdorf wurde 1944 wegen ihrer Beziehung zu dem französischen Kriegsgefangenen Octave Le Boydre denunziert und verhaftet. © Elisabeth Le Boydre

Später kamen Elisabeth und Octave viele Male nach Burgdorf zurück, selbst noch im Jahr 2002. Hier lebten Verwandte und Freunde. Auch eine Begegnung mit der "besten Freundin", die sie einst verraten hatte, gab es später bei einem Klassentreffen. Octave aber war nicht mitgegangen. Er vertrieb sich in Burgdorf die Zeit mit dem Streichen der Küche. Ihre Tochter - Ironie der Geschichte - vergnügte sich in der Diskothek Black Horse, im Haus der alten Genossenschaft, wo die Liebe ihrer Eltern einst begann. Octave Le Boydre war später Präsident in der Organisation der ehemaligen Frontkämpfer und Kriegsgefangenen Frankreichs, betrieb Verständigung mit einer Partnerstadt bei Köln und war im Jahr 2005 immer noch aktiv. Zum 60. Jahrestag des Kriegsendes freute sich das Paar über drei Kinder, zehn Enkel und zehn Urenkel und ist mit Verwandten in Algerien, England und Moskau eine wahrhaft internationale Familie geworden. So war zumindest aus einer der Denunziationen, die Hermann K. und Herbert B. in Celle bearbeitet hatten, ein Happy End hervorgegangen.

6. Zusammenfassung

Das im Schwurgerichtsverfahren von 1950 in Lüneburg gegen die zwei früheren Gestapo-Beamten Hermann K. und Herbert B. verhängte milde Strafmaß löste Empörung aus, insbesondere bei Vertretern der Opferorganisationen. Angeklagt waren allein Misshandlungen, nicht die Hinrichtungen, nicht die Überstellungen in Konzentrationslager. Die Misshandlungen waren tatsächlich individuell nachweisbare Schuld. In einer Zeit, in der es durchaus noch üblich war, dass Schulkinder, Konfirmanden und Lehrlinge von Lehrern, Geistlichen, Meistern und auch ihren Eltern körperlich gezüchtigt wurden, war das Verfahren gleichwohl bemerkenswert. Denn es machte vor der Öffentlichkeit klar, dass die zwei Beamten durchaus eine persönliche Verantwortung für den Gestapo-Terror in ihrem Bezirk gehabt hatten und sich nicht mit der Hierarchie des Beamtenapparates herausreden konnten.

Hermann K. und Herbert B. hatten sich in ihren Aussagen als Glieder einer Handlungskette dargestellt, in der sie nur die Funktion ausgeübt hätten, die von ihnen erwartet worden sei und verwiesen jeweils auf ihren Vorgesetzten in Lüneburg, den nicht angeklagten Kriminalbeamten August W., der sich stets im Hintergrund gehalten hatte und am Telefon agierte. Dies ist typisch für Verbrechensabläufe in Diktaturen aber auch für alle Bereiche des Zivillebens, in denen Hierarchien herrschen und individuelle Verantwortung nur weitergereicht und durchgereicht wird. In solchen Handlungs- und Ereignisketten fühlt niemand der Beteiligten eine persönliche Verantwortung, gerade dann auch, wenn räumliche Entfernungen, Telefongespräche und übergeordnete Strukturen dazukommen. Hermann K. und Herbert B. fühlten so wenig Verantwortung, dass sie keine Skrupel hatten, anlässlich der Hinrichtungen von Polen zu einem üppigen Gelage Gäste in Wirtshäuser zu laden. Ganz im

Gegenteil wollten sie, dass möglichst viele Personen Zeugen der Lynchmorde werden konnten. Gerade Hermann K. bezeichnete selbst Exekutionen und Todesurteile als "rechtmäßig", weil sie vom Reichssicherheitshauptamt in Berlin ergangen waren. Doch gerade dieser Apparat agierte nicht rechtmäßig. An der Unrechtmäßigkeit der Gestapo-Arbeit ließen sogar die Berichte des Celler Generalstaatsanwaltes und des Präsidenten des Oberlandesgerichts keinen Zweifel. Hermann K. hatte für die Unrechtmäßigkeit des Gestapo-Apparates entweder kein Gespür oder er wollte sich nach 1945 ganz einfach von jeder Verantwortung freisprechen. Weil auch die Alliierten via Nürnberger Prozesse die Hauptverantwortung für den Staats-Terror bei der politischen Spitze erblickt hatten, sahen sich ehemals lokale Stapo-Beamte auch aus dieser Richtung entlastet und empfanden kein schlechtes Gewissen.

Viele Vorfälle, in die sich Hermann K. und Herbert B. verstrickt hatten, waren durch Denunziation ausgelöst worden, von Personen, die direkten Kontakt mit den Betroffenen gehabt hatten. Deren Motive zum Verrat mögen beeinflusst gewesen sein durch die ebenso hysterische wie panische Stimmungslage, in der sich die deutsche Bevölkerung während des letzten Kriegsjahres aus Angst vor einem apokalyptischen Kriegsende befand. Im Falle der "Ukrainer-Aktion" blieb Hermann K. und Herbert B. keine andere Wahl, als Verhaftungen und Verhöre in diesem Ausmaß vorzunehmen. Im gesamten Reichsgebiet hatte es Aktionen dieser Art vor und nach dem Tag der Invasion der amerikanischen Streitkräfte an der französischen Küste gegeben, um vermeintlichen Aufständen von osteuropäischen Arbeitskräften zuvorzukommen. Inwieweit die Stapo-Leitstellen dabei über das Ziel hinausschossen, die Größe und Bedeutung von Widerstandsbewegungen aufbauschten oder gar erfanden und durch Misshandlungen Aussagen erpresst hatten, die vielleicht gar nicht zutrafen, kann nicht mehr überprüft werden. Da der Umgang mit Osteuropäern ein rechtsfreier Raum war, musste auch nichts darüber protokolliert werden, was heute eine erhellende Quelle sein könnte. Womöglich sahen sich Stapo-Stellen unter Handlungsdruck und vorauseilend veranlasst, im Sommer 1944 Widerstandsaktivität in ihrem Bezirk in jedem Falle nachzuweisen und zu bekämpfen. Niemand wollte sich Nachlässigkeit nachsagen lassen. Womöglich sollten diese Aktionen auch dazu dienen, die deutsche Bevölkerung zu besänftigen, die sich vor der "inneren Front" zunehmend gefürchtet hatte und der politischen Führung in Berlin Untätigkeit in der Luftabwehr vorwarf. Dann erschiene das Handeln der Gestapo-Leitstellen als konzertierte Aktion, um in erster Linie die panische Stimmungslage der deutschen Bevölkerung zu besänftigen. So muss offen bleiben, ob die in Burgdorf und Nienhagen verhafteten Ukrainer tatsächlich eine Widerstandsgruppe gebildet oder vielleicht einfach nur untereinander Informationen ausgetauscht hatten, oder nur räuberische Bande aus Eigeninteresse gewesen waren. Das Handeln der Ukrainer nach dem Krieg im besetzten Westdeutschland und ihre vielfältige politische Aktivität um nationale Unabhängigkeit ihrer Heimat von der Sowjetunion, lässt jedoch durchaus den Schluss zu, dass der Wille bestand, die Westalliierten beim Vormarsch zu unterstützen. Da sich andererseits die Ukrainer im Falle eines frühzeitigen Einmarsches der Sowjettruppen auch nicht dem Vorwurf der Kollaboration mit Deutschen aussetzen, vielleicht deshalb präventiv Widerstandsaktivität bekunden wollten, ist eine Beurteilung der von der Gestapo gemeldeten "Widerstandgruppen" und ihrer Motive kaum angebracht.

Gerade auch die anderen Ereignisse unter Verantwortung von Hermann K. und Herbert B. bestärken die Annahme, dass die in der "Ukrainer-Aktion" von der Gestapo formulierten Verdachtsmomente überinterpretiert waren. Im Schwurgerichtsverfahren von 1950 wurde dieser Hintergrund unkritisch übernommen. Jedoch spielte dies auch für das Strafmaß keine Rolle. Das Verhalten der beiden Beamten bei der Verhaftung des Ernst Schulte in Weferlingsen wie auch die Berichte von Zeugen über das Verhalten bei Exekutionen und Verhören im Celler Arbeitsamtsgebäude wie im Gerichtsgefängnis offenbart Willkür als tägliches Charakteristikum ihrer Vorgehensweise. Da im Zusammenhang mit der Ukrainer-Aktion auch andere Personen wie der Franzose Octave Le Boydre in der Burgdorfer Turnhalle wegen anderer "Delikte" mitverhört wurden, ist anzunehmen, dass Hermann K. und Herbert B. die Gelegenheit ausnutzten, um unauffällig vor der Öffentlichkeit agieren zu können. Auch acht polnische Staatsbürger waren verhaftet und am 9. August 1944 hingerichtet worden. Da Polen und Ukrainer wegen Nationalitäten- und Territorialkonflikten in der Vorkriegszeit auch als Zwangsarbeiter später in Deutschland vielfach miteinander verfeindet waren, erscheint es unglaubwürdig, dass diese gemeinsam eine Widerstandgruppe gebildet haben sollen. Nach den Exekutionen in Uetze und der deutlichen Kritik des Celler Generalstaatsanwalts an der Lynchjustiz der Gestapo insgesamt sowie am Vorgehen des Lüneburger Stapo-Leiters August W., ist vielmehr anzunehmen, dass die "Ukrainer-Aktion" Vorwand war, um weitere Polen nun unter Ausschluss der Öffentlichkeit hinrichten zu können, von denen zwei in Dachtmissen in der Landwirtschaft gearbeitet hatten. Auch hier könnten dann Denunziationen von Personen aus der unmittelbaren Umgebung den Auslöser gegeben haben. Sowohl bei der Ukrainer-Aktion in der Turnhalle wie auch bei den Exekutionen in Uetze bezeugten Personen die Anwesenheit von Angehörigen der NSDAP-Kreisleitung Burgdorf. So könnten im "Ukrainer-Aufstand" auch mehrere unabhängig voneinander denunzierte Sachverhalte zusammen abgewickelt worden sein. Spekulationen sind in der Wissenschaft unerlaubt. Jedoch sind dies Beispiele von Fragen, die aufgeworfen werden können und sollten, wenn man den Aussagen und Zeugenberichten, die 1950 vorgetragen worden waren, nicht folgen mag. Die Wahrheit kann nicht mehr aufgedeckt werden. Es bleibt bei einer Annäherung, die dennoch ihre Berechtigung hat, um überhaupt von Geschehnissen während der NS-Zeit im Landkreis Burgdorf berichten zu können.

Literaturverzeichnis

Anders, Henrike: Ukrainisch-katholische Gemeinden in Norddeutschland nach 1945. In: Osteuropa – Geschichte, Wirtschaft, Politik. Band 35. Hrsg. v. Wolfgang Eichwede, Frank Golczewski und Günter Trautmann. Münster, Hamburg, London 2003.

Antons, Jan-Hinnerk: Ukrainische Displaced Persons in der britischen Zone. Lagerleben zwischen nationaler Fixierung und pragmatischen Zukunftsentwürfen. Essen 2014.

Blattmann, Daniel: Die Todesmärsche 1944/45. Das letzte Kapitel des nationalsozialistischen Massenmords. Hamburg 2011.

Broszat, Martin: Zur Perversion der Strafjustiz im Dritten Reich: In: Vierteljahreshefte für Zeitgeschichte. Jahrgang 6 (1958), Heft 4.

Freudiger, Kerstin: Die juristische Aufarbeitung von NS-Verbrechen. In: Beiträge zur Rechtsgeschichte des 20. Jahrhunderts. Band 33. Tübingen 2002.

Herbert, Ulrich: Fremdarbeiter: Politik und Praxis des "Ausländereinsatzes" in der Kriegswirtschaft des Dritten Reiches. Bonn 1999.

Hirsch, Martin; Mayer, Diemut und Meinck, Jürgen (Hrsg.): Recht, Verwaltung und Justiz im Nationalsozialismus. Ausgewählte Schriften, Gesetze und Gerichtsentscheidungen von 1933 bis 1945. Köln 1984.

Köhler, Nils: Zwangsarbeit in der Lüneburger Heide. Organisation und Alltag des "Ausländereinsatzes" 1939-1945. 2. Auflage. Bielefeld 2004.

Michelsberger, Hans: Berichte aus der Justiz des Dritten Reiches. Die Lageberichte der Oberlandesgerichtspräsidenten von 1940-45 unter vergleichender Heranziehung der Lageberichte der Generalstaatsanwälte. Pfaffenweiler 1989.

Meyer, Dietmut: Fremdvölkische im Dritten Reich. In: Schriftenreihe des Bundesarchivs Band 28. Boppard am Rhein 1981.

Quellenverzeichnis

Hauptstaatsarchiv Hannover
Nds. 500 Acc. 2/73 Nr. 383.
Nds. 700. Acc. 2001/087 Nr. 88.
Nds. 721 Lün. Acc. 153/82 Nr. 284.
Nds. 120 Lün Acc. 31/67 Nr. 73 und 74.
Hann. 86 Celle Acc.142/90 Nr. 44/0114.
Hann. 86 Celle Acc. 142/90 Nr. 2131.
Hann. 86 Celle Acc. 142/90 Nr. 2584.

Public Record Office London
WO 309/97, WO 309/1180, WO 309/1249, HO 534/348.

Archiv der Region Hannover in Neustadt am Rübenberge
KABU 21, KABU 507, L 2706, L 2708, L 6499, L 6507, L 6509.

Stadtarchiv Hannover
HR 24 Nr.16, HR 24 Nr. 90, HR 24 Nr. 91, HR 05 Nr. 567.

Stadtarchiv Celle
5 O Nr. 25.

ibidem-Verlag

Melchiorstr. 15

D-70439 Stuttgart

info@ibidem-verlag.de

www.ibidem-verlag.de
www.ibidem.eu
www.edition-noema.de
www.autorenbetreuung.de